死ぬほど読めて
忘れない

高速読書

上岡正明
Masaaki Kamio

アスコム

高速読書は、
スピード
×
記憶定着
両方を実現する読書術です

月にたった
1、2冊しか
読めなかった人が、
同じ読書時間で、
12～15冊をムリなく読めて、

記憶にも定着！

なぜ高速読書は記憶に定着するのか？

それは脳科学で効果が明らかになっている

「分散効果」

「エピソード記憶」

「アウトプット」

を駆使した読書術だからです。

従来の速読法には、

1冊を3分で読めると謳《うた》っているものもあります。

でも、眼球を速く動かしたり、写真を見るように文章を読む方法は、
科学的には不可能だと立証されています。

高速読書は1冊を30分で3回読む方法です。
スピードでは速読には及びませんが、
そのぶん記憶への定着度は格段に高い。

速読のスピードで読んだとしても、忘れてしまっては意味がありません。
高速読書で月に15冊も読んで、内容を覚えていられれば、
読書がとても実り多いものになると思いませんか？

高速読書のスゴイところは、まだまだこんなにあります！

【高速読書の5大メリット】

1 高速で読める

速読の「3分で読める」というのは、「読んだ気になっている」だけです。高速読書は速読にスピードはかないませんが、しっかりと内容を頭にインプットすることができます。

2 内容を忘れない

高速読書なら、本で得た知識を長期記憶として脳に定着させることができます。脳科学に裏づけられた方法なので、特殊な能力や、読書の得意不得意は関係ありません。誰でも読んだら内容を忘れないようになります。

3 仕事や生活でアウトプットできる

高速読書の目的は「インプット」にとどまりません。本の内容を長く覚えているので、ふだんの仕事や生活で活用することができます。また、情報量が求められる現代において、高速読書を続ければ多方面の話題についていくことができ、コミュニケーションの幅も広がります。

4 レッスン不要。すぐに実践できる

高速読書は、既存の速読法とは異なり、レッスンやトレーニングは一切必要ありません。この本を読んだその日から始められます。

5 すると、人生はどんどん豊かに！

読書量と年収は比例しているというデータがあります。もちろん経済面でなくとも、読書によって人生のさまざまな側面が豊かになっていきます。なぜ人生に好影響を与えるのかは後述しましょう。

高速読書メソッド「1冊を30分で3回読む」

脳科学の分散効果を活用！
1冊2時間かけてじっくり読むより、
30分で3回読むほうが、結果覚えている！

ではさっそく、高速読書のやり方を紹介していきましょう。じっくりと1回読書するよりも、読書時間を分散して同じ本を速く複数回読むほうが、脳に記憶がとどまることが脳科学の研究でわかっています。加えて、それぞれ別の場所で読書するとさらに効果が高まります。また、人間が高い集中力を保てるのは15分が限界です。

この根拠から、高速読書では、1回目を15分、2回目を10分、3回目を5分で読みます（パターン①）。しかしパターン①を実践するには、集中力を持続させなければなりません。集中の持続に不安のある方は、まずパターン②を実践してみてください。パターン②は、教養書や参考書など、すんなりと読み進めるのが難しい本を読むときにもオススメの方法です。

（※この本で掲載する読書タイムは、200ページ程度の一般向けの本を基準にしています。高速読書のスピードは1ページを5秒で読むのが目標です。200ページ前後の本ならば、15分で読みきることができます。厚い本を読むときは、ページ5秒で計算してみてください。たとえば300ページならば25分が目標タイムとなります）

【パターン①のやり方】
(集中して読むのが得意な方)

★1冊を3回、時間をあけて集中して読む。

[読書時間:30分]

1回目:15分
(全ページ読む。
重要ページにドッグイヤー)

↓

2回目:10分
(ドッグイヤーのページを読む。
重要箇所に青ペンでメモする)

↓

3回目:5分
(青ペンの入ったページを読む)

毎回異なる場所で
読むのがベスト。

どうすれば高速読書メソッドを実現できるか?

【パターン②のやり方】

（集中して読むのが苦手な方。難しめの本を読むとき）

★１章読み終えたら、もういちど１章を読む
★章ごとに２回ずつ読み、３回目は通して読む

[読書時間：30 分]

たとえば、５章立ての本の場合

第 1 章

１回目の読み（３分）→２回目の読み（２分）

↓

第 2 章

１回目の読み（３分）→２回目の読み（２分）

⋮

第 5 章

１回目の読み（３分）→２回目の読み（２分）

↓

３回目は通しで読む（５分）

【1回目のコツ】

ロケットスタートリーディング

★タイマーセットと同時に、一気に読み始めよ！

【やり方】

ストップウォッチ（スマホの時計アプリで可）を用意。制限時間（パート①の場合：15分、パート②の場合：5分）を決めて、カウントダウンタイマーをスタート。と同時に一気に読み始める。読み飛ばしてもいいので、制限時間内に必ず読み終えるようにする。重要だと思ったページはドッグイヤーにする。

【効能】制限時間が脳を活性化させる！

読書スピードが伸びない一因は、読書に集中できていないから。人間は終了時間を強制的にロックされると、集中力が飛躍的にアップすることがわかっている。

青ペンなぐり書きリーディング

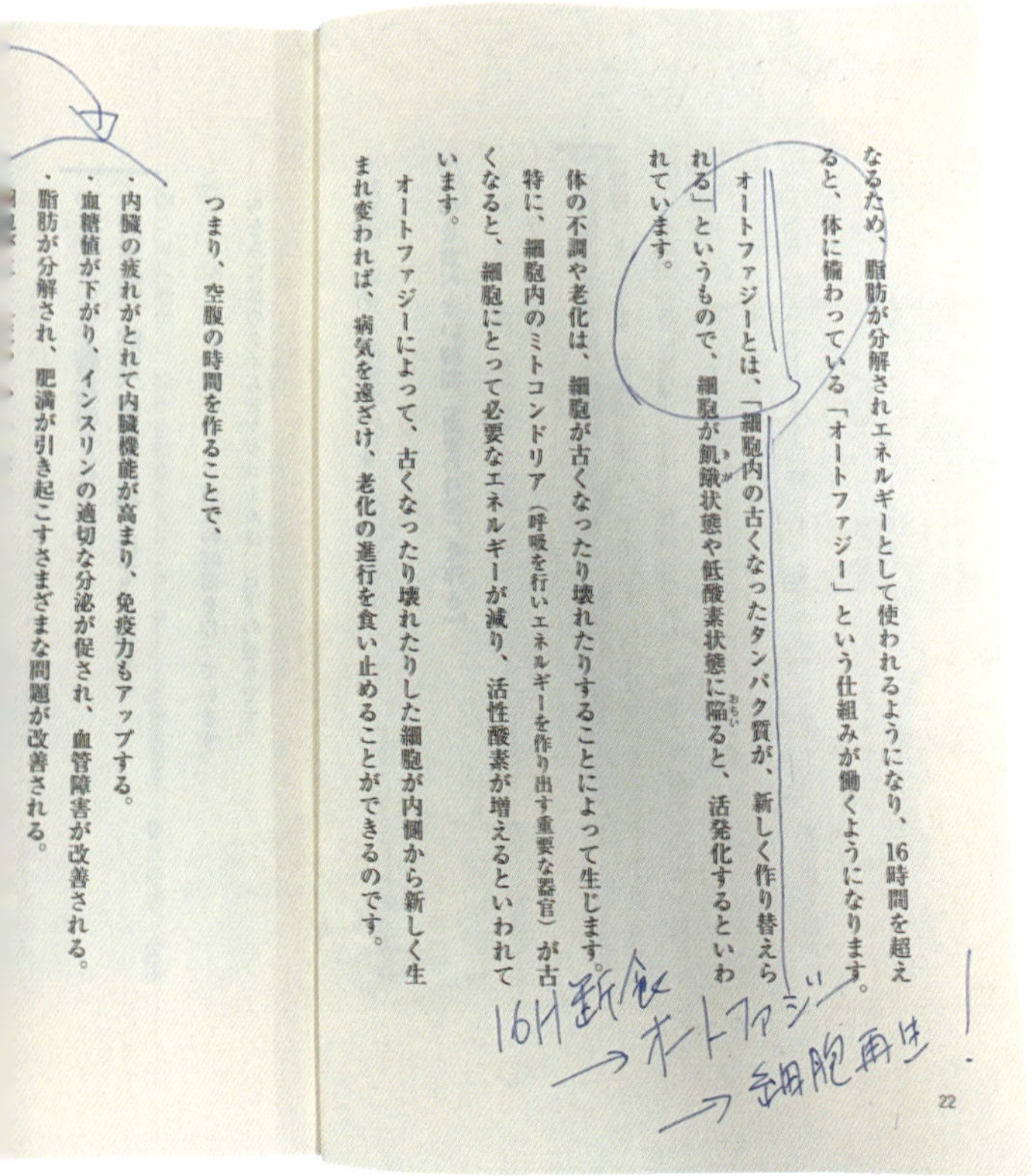

★本にエピソードを残すと、知識が脳に定着しやすい！

なるため、脂肪が分解されエネルギーとして使われるようになり、16時間を超えると、体に備わっている「オートファジー」という仕組みが働くようになります。

オートファジーとは、「細胞内の古くなったタンパク質が、新しく作り替えられる」というもので、細胞が飢餓《きが》状態や低酸素状態に陥《おちい》ると、活発化するといわれています。

体の不調や老化は、細胞が古くなったり壊れたりすることによって生じます。

特に、細胞内のミトコンドリア（呼吸を行いエネルギーを作り出す重要な器官）が古くなると、細胞にとって必要なエネルギーが減り、活性酸素が増えるといわれています。

オートファジーによって、古くなったり壊れたりした細胞が内側から新しく生まれ変われば、病気を遠ざけ、老化の進行を食い止めることができるのです。

つまり、空腹の時間を作ることで、
・内臓の疲れがとれて内臓機能が高まり、免疫力もアップする。
・血糖値が下がり、インスリンの適切な分泌が促され、血管障害が改善される。
・脂肪が分解され、肥満が引き起こすさまざまな問題が改善される。

16H断食
→オートファジー
→細胞再生！

22

【やり方】

・ドッグイヤーのページと、その前後を中心に読む。

・思ったことを本に青ペンで書き込む。重要度が高いと思う部分ほど、大きく、汚く、感情を込めてメモする。

【効能】

脳科学の「エピソード記憶」を活用！

脳は平常時よりも、何らかの変化がある場合のほうが物事を記

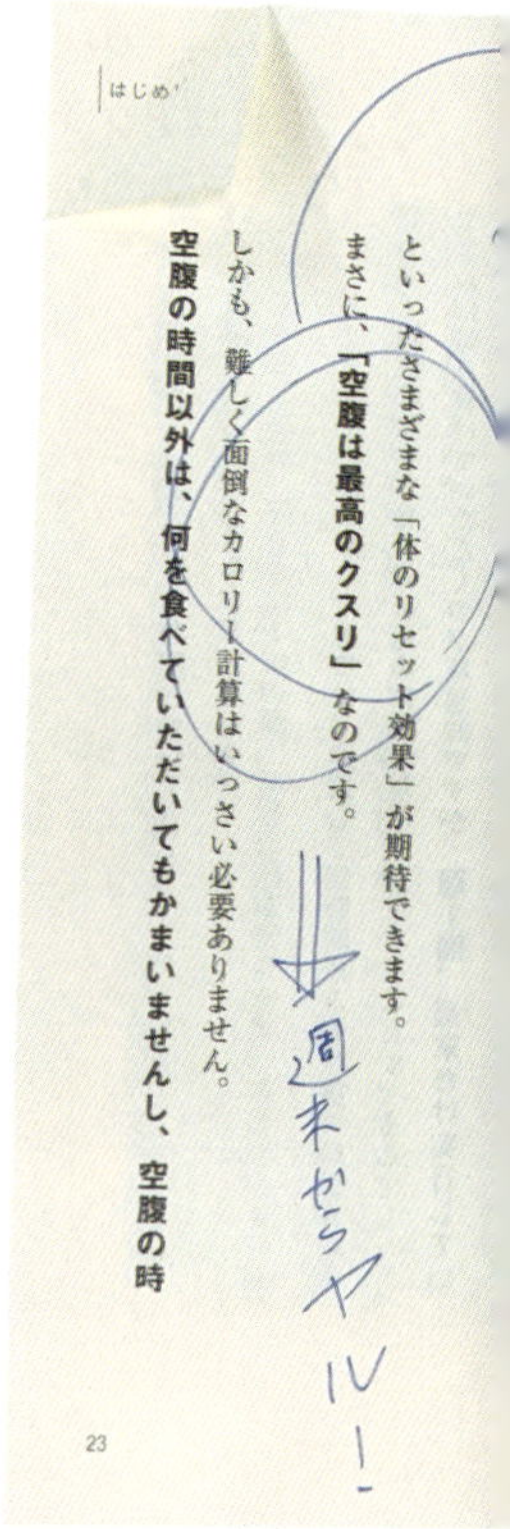
はじめに

といったさまざまな「体のリセット効果」が期待できます。

まさに、**「空腹は最高のクスリ」**なのです。

しかも、難しく面倒なカロリー計算はいっさい必要ありません。

空腹の時間以外は、何を食べていただいてもかまいませんし、空腹の時

23

憶できる（エピソード記憶）。重要箇所に青ペンでなぐり書きをすると、脳はその部分を特別なエピソードとして記憶。また、青色には思考力を高める働きもある。

【3回目のコツ】

アウトプットリーディング

★アウトプットすれば、長期記憶として保存される！

【やり方】

・青ペンの箇所を参照しながら、その情報を仕事や人生にどう生かすか、具体的に書き加える。

・時間に余裕がある人は、読書後にアウトプットノートを作ればさらに効果的（次ページ）。

【効能】脳のアウトプット効果を活用！

インプットした内容を自分の言葉でアウトプットする（現実世界で使う）ことで、脳はそれを重要な情報だと捉え、長期記憶として保存していきます。これは脳科学のベーシックな法則です。

高速読書の効果を最大化させるために！
アウトプットノートが、
あなたの人生を豊かに変える！

高速読書で得た知識を自らの血肉にするため、時間のとれる方はアウトプットノートを用意することをオススメします。アウトプットノートに読書の成果を自分の言葉でまとめておけば、さらに長期記憶しやすくなります。また、知識を知識で終わらせず、そこから導かれた行動プランを記載すれば、それが今後の行動指針にもなります（詳しい使い方は第3章をチェックしてみてください）

行動プラン（エッセンスから、具体的にどんな行動アクションにつなげられるか書く）

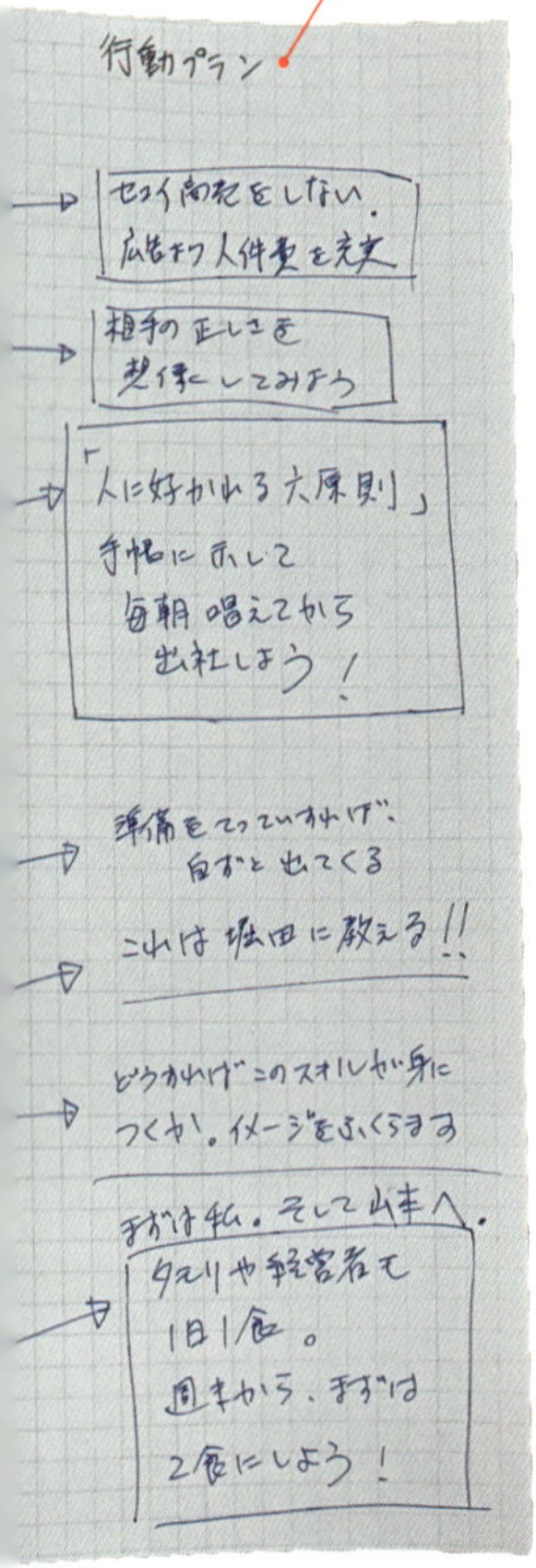

エッセンス（本のポイントを20文字以内で箇条書きする。ポイントが複数ある場合も、1センテンスはこの文字量に収める）

読書の目的（読書前には必ず読書の目的を言語化する。この簡単な手続きだけで、より速く読むことができる）

書名とメモ（読書のタイム、本の内容を伝えたい人を記載）

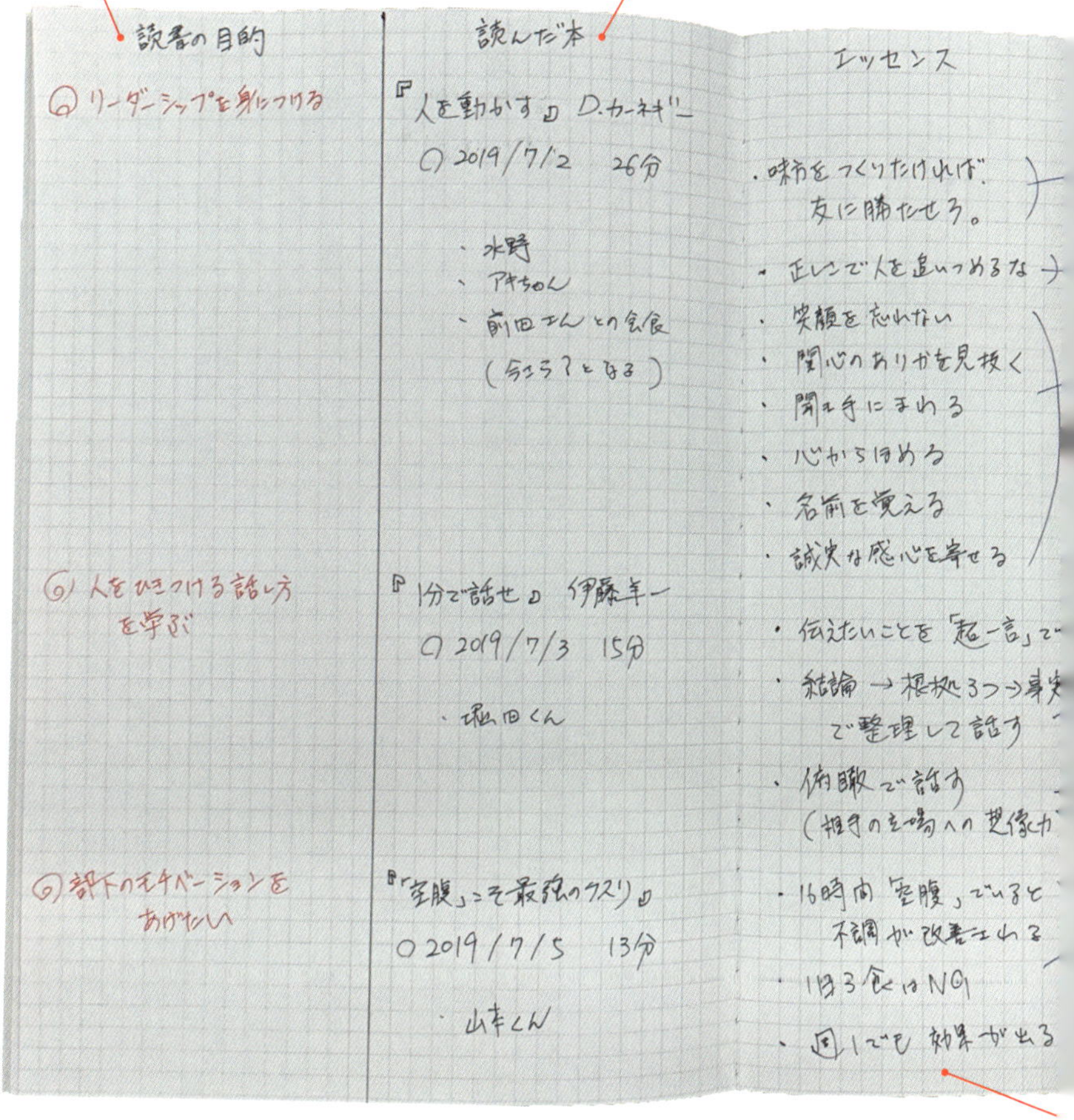

読書の目的
① リーダーシップを身につける
② 人をひきつける話し方を学ぶ
③ 部下のモチベーションをあげたい
読んだ本
『人を動かす』 D.カーネギー
2019/7/2 26分
・水野
・アキちゃん
・前田さんとの会食
『1分で話せ』 伊藤羊一
2019/7/3 15分
・堀田くん
『「空腹」こそ最強のクスリ』
2019/7/5 13分
・山本くん
エッセンス
・味方をつくりたければ、友に勝たせろ。
・正しさで人を追いつめるな
・笑顔を忘れない
・関心のありかを見抜く
・聞き手にまわる
・心からほめる
・名前を覚える
・誠実な感心を寄せる
・伝えたいことを「超一言」で
・結論→根拠3つ→事実
で整理して話す
・俯瞰で話す
（相手の立場への想像力
・16時間「空腹」でいると不調が改善される
・1日3食はNG
・週1でも効果が出る

【効能】

読書によるインプットと現実のアウトプットがリンクすることで、仕事の成果や人間的成長を実感でき、人生に好循環が生まれていく。

本書は、この他にも高速で読めて、記憶に定着するさまざまな読書テクニックを紹介していきます。この本を読み終えたその日から、すべて実践できる簡単な方法です。

詳しいやり方を早く知りたい方は、まずは第2章を読んでみてください。

ではここからは、高速読書を始めることで人生にどんな好影響をもたらすのか紹介していきましょう。速読というと、現役バリバリのビジネスパーソンが少しでもたくさんの情報をインプットするための方法だと考えられがちです。

しかし**私が考案した高速読書は、実践する人を選びません。何歳であろうと、読書は人生を豊かにしてくれるもの。たくさん読めて、しかも記憶できる高速読書ならば、読書で得られるメリットを最速最短で自分のものにできます。**

次ページより、高速読書によってどんな成果が期待できるか、そのモデルケースを提案したいと思います。参考にしてみてください。

【ビジネスにも、シニアにも、子育てママにも】高速読書は、あらゆる人の人生を豊かにするためのツール

① 35歳男性（PR会社勤務）の場合

「モチベーションの低い部下との接し方を知りたい！」

新規プロジェクトのリーダーに抜擢《ばってき》されたが、モチベーションの低い部下との接し方に悩んでいた。チームを一丸にして、プロジェクトを成功させたい。

そんなとき、リーダーについて書かれた本を高速読書で読み漁れば、1週間もしないうちに、どうすれば自分のチームを一丸にできるのか、具体的なアクションを起こすことができるはずです。本には先人たちの智慧が結集しています。忙しいビジネスパーソンは、読書時間がないのが実情だと思いますが、**高速読書ならばスキマ時間を活用してスキルアップすることができてしまうのです**。

②51歳女性（主婦）の場合

「老後資金が不安。自分に最適なお金の貯め方を知りたい！」

夫の年収だけでは老後資金が不安。娘が大学に進学して、学費を支払ったら貯金は100万円を切ってしまう。老後資金を失敗せず貯める方法を知りたい。

こんなときにも高速読書は活きます。ネットの検索では情報の真偽が不安だし、なんとなく手にとった本を1冊読むだけでは、それが本当に自分の家庭に合った方法なのかわかりません。**高速読書ならば、同じ読書時間でも10倍近く本が読めてしまうため、自分が本当に必要とする情報に出合うことができます**。それを実際にアウトプット（たとえば投資信託を始めるなど）することで、お金の不安を解消していくことができるのです。

③ 70歳男性（年金生活者）の場合

「テレビは飽きた。新しいことを始めて、老後を元気に過ごしたい」

妻に先立たれ、これといった趣味もないため毎日を持て余している。仕事人間だったため、プライベートの友だちはおらず、孤独な日々を過ごしている。時代小説が好きでたまに読むが、これまで読んだことのなかったジャンルの本も読んでみようか。

こういったシニアの方にも、高速読書はオススメです。歳を重ねるにつれて、人は新しいものに触れることを敬遠するようになってしまいます。なぜなら時間も労力もかかるからです。**高速読書なら、次々と新しい分野の本を読破していくことができます**。人生100年時代。年間10冊しか読めていなかった人も、高速読書ならば100冊は読めるようになるでしょう。100歳まで生きるとすれば、3000冊も読めることになります。晩節《ばんせつ》を豊かにする高速読書。いかがでしょうか。

④ 17歳女性（高校生）の場合

「暗記科目が苦手。勉強時間が足りない！ 記憶力を上げたい！」

大学受験は半年後に迫《せま》っているが、どうしても日本史の得点が伸びない。勉強はしているのに、すぐに忘れてしまう。参考書の内容を忘れない方法はないか？

ほとんどの受験生の悩みでしょう。そんな方には、参考書を読む際に、高速読書メソッドのパターン②を実践していただければと思います。**じっくり何時間もかけて参考書を読むよりも、時間を区切り、反復学習をしたほうが、確実に記憶が定着します**。また高速読書の読み方に慣れておけば、現代文の得点アップも期待できますし、各教科の設問を読む速度も速くなります。また制限時間に終わらせることにも慣れていますので、テストで時間切れを起こすことも少なくなるでしょう。

⑤ 41歳女性（パート勤務）の場合

「子どもが反抗期。息子が道を踏み外さないか心配」

来年高校受験を控えているのに、ゲームばかりしている反抗期の息子の進路が心配。厳しくするか、今は自由にさせるか、難しい年頃の息子との接し方に悩んでいる。

子育ての悩みと高速読書。一見、何の関係もないように思えるかもしれません。しかし、人が不安や心配事を抱えてしまう理由のほとんどは、「情報がないから」と言われています。たとえば子育てに関する本を高速読書していけば、自分が抱えている悩みが、自分だけのものでないことに気づけるはずです。子育て以外でも、**人間関係の悩みは、本の書き手たちの言葉によって癒されたり、解決の糸口を見つけられることが多々あります**。忙しい子育て中のママにも、スキマ時間にぜひ実践してほしいと思います。

はじめに

ここまで読んでいただき、高速読書が従来の速読術とはまったく別物であることはご理解いただけたでしょうか。

はじめまして。ご挨拶が遅れました。高速読書を考案した上岡正明です。

私は今、コンサルティング会社など3社のグループカンパニーを経営し、顧問として大手上場企業をご支援しています。大学院でＭＢＡを取得したあとは、脳科学分野を研究しながら非常勤講師として教えるなど、多忙な日々を送っています。さらに変わった経歴として、株式投資家や不動産投資家としても成功しており、元手２００万円から3億円の資産を形成することができました。

何も自慢をしたいわけではなく、これらはすべて、高速読書によって手に入れることができたものなのです。

もともと私は落ちこぼれでした。第一志望の大学に入学できず、就職先もなく、しばらく見習いの放送作家として食いつなぐ日々。一念発起《いちねんほっき》して起業してみたものの、知識も経験もなく、とにかく本をたくさん読んで自分を成長させたいという思考だけがありました。

しかし、机の上にたくさん積みあがった本の山を前にして、途方に暮れることになります。

買ったはいいが、仕事が忙しすぎて読む時間がぜんぜんない！　速読ができるようになればいいのに。でも、スクールや通信講座で学ぶ資金はありません。

そこで速読に関する本を読み、**眼球のトレーニングや、右脳で読むといった、わかるようなわからない方法**を試してみました。その結論は、**読んだ気にはなるが、ぜんぜん覚えてない**！　でした。もちろん、人によっては速読で記憶できるという方もいるのかもしれません。でも私にはまったく役に立ちませんでした。

そこで私は、脳科学を研究しながら、自力で速読するための方法を模索していきました。どうすれば「速く読めて」「しかも記憶に残り」「それをアウトプットに使えるか」を念頭に、読書と日々の仕事を連携させながら、トライ&エラーを繰り返して工夫を重ねていきました。

そうして生まれたのが、本書で紹介する「高速読書」です。

私がこの読み方を始めてから15年が経ちます。1日1冊のペースを無理なく維持して、もはや読書は毎日の食事のように生活の一部になっています。

私は高速読書で得た知識を、具体的なアウトプットに変換することでビジネススキルを伸ばし、知識ゼロだった投資の世界でも、本から得た知識を活用することで成功することができました。すべて高速読書で得た知識を、ただ現実で使っただけです。

高速読書は現在、自社の社員のみんなも行っていて、各自が仕事で成果をあげています。お会いした方に紹介すると、誰もがこぞって「これはいい!」とご自身の読書法として採用してくださる方も多く、昨今はその効果が口コミで広がり、こうして本としてまとめさせていただく機会を得ました。

繰り返しになりますが、高速読書は、**高速で読めて、記憶に定着し、アウトプットに使える読書術です。人生を豊かに変えていくための読書術です。**

「読書くらいで人生がうまくいくなんて、そんなバカな！」と思ったあなたは、読書の力を侮《あなど》っています。人生を好転させるための最強の方法、それは読書です。

なぜなら、あなたの悩みや課題は、すでに先人たちが経験してきたもの。その解決法は必ずどこかの本に記されています。

だから読書をすればいいという話なのですが、いかんせん私たち現代人は忙しいし、1冊読むのに1週間もかけていたら、最適な解決策に出合う前に、人生はどんどん悪いほうに向かってしまいます。

だからこそ、「高速読書」が必要なのです。

詳しくは本文に記しますが、1テーマ7冊読めば、人はそのテーマの有識者になることができます。現在の知識がゼロだったとしても、7冊読めば、全体を知ることができ、あなたに最適な解決策を見つけることができるのです。

つまり高速読書なら、あなたは1～2週間後、悩みや課題の解決策を見つけて、具体的なアクションを起こし、現実を変えていくことができるのです。

たとえば、あなたの課題が「健康になりたい」だったとしましょう。書店に行けば、食事や運動、睡眠にサプリなど、さまざまな健康書が並んでいます。その中の1冊を手にとったとて、その方法が本当にあなたを健康にしてくれるかわかりません。判断材料がないからです。でも7冊も読めば、健康になるための共通点や重要なことが見えてきて、自分がしたら効果がありそうな方法がわかってきます。**高速読書はあなたを正しい判断へと導いてくれるスキル**でもあるのです。

同じように、「ビジネススキル」でも「老後資金」でも「資格試験」でも「人付き合い」でも、どんなジャンルにも高速読書は活用できます。

唯一向かないのは、小説など、読書そのものを味わうことを目的とする場合です。当然ですよね。私も味わい深い小説を読むときは、時間を気にせず楽しんでいます。ただ高速読書に慣れすぎて、小説も格段に速く読めるようになってしまいました。それもまた人生を豊かにする特典かもしれません。

一人の落ちこぼれが、試行錯誤して生み出した方法が、こうして本という形になり、みなさんのお役に立てることは望外の喜びです。

限られた人生の時間の中で、本との出会いは、人との出会いと同じくらい貴重なものです。高速読書を使って、たくさんの本と出会い、たくさんの本を楽しみ、人生をさらに充実させていただければと思います。

人生の豊かさは読書量で決まります。

高速読書は、それを実現させる最強の武器です。

あなたもぜひ、今日から始めてみてください。

死ぬほど読めて忘れない高速読書 ◉ 目次

巻頭特集

第1章

高速で読めて、記憶に残る！ 脳科学が認める最強の読書術「高速読書」

第2章 高速読書を成功させるすごい読書テクニック

2

【高速読書1回目】どうすれば15分で1冊読めるか――101

第3章 読書を成果に変える！アウトプットノートの書き方

3 アウトプットノートは人生のバイブルになる―――170

第4章 高速読書で脳力をあげれば、人生まで豊かに変わる！

8

目的や願望があるからこそ、読書の習慣が身につく――216

9

あなたの価値を効率よく高めるために高速読書を利用してほしい――222

第1章

高速で読めて、記憶に残る！脳科学が認める最強の読書術「高速読書」

1

高速読書なら死ぬほど読めて、しかも記憶に定着する！

高速読書はビジネスパーソンからシニアまで使える読書術

高速読書はどなたでも使える読書術です。

本は読みたいけど、読書にあてる時間がなかなか取れなくって……。ほかにやることがたくさんあって月に1、2冊しか読めなかった人が、同じ読書時間で12～15冊をムリなく読めるようになります。

しかも高速読書は面倒くさいトレーニングなどはいっさいないので、誰でもすぐに使えるようになります。

部下とのコミュニケーションがうまく取れなくて悩んでいるビジネスパーソン。
社員のやる気を引き出して売上をもっと伸ばしたいと思っている会社経営者。
我が子の学力を伸ばしたいと思っているママさん。
入社するのが難しい人気のベンチャー企業に就職したいと考えている学生さん。
空いている時間を有効に使って副業で稼ぎたいと思っている奥様。
年金の有効活用を模索しているシニアの方。
あるいは退職を機に世界史を勉強し直したいと考えている方……。

そういった方が欲しいと思っていた情報、知識、スキルなどを手に入れることができ、たちまちのうちに身につきます。しかも、**脳にインプットされた内容は、長期記憶として脳に定着させることができるのです**。

実際、高速読書を教えた方からは、以下のような声をいただいています。

「1日1冊読めるようになった」

「本の内容を驚くほど忘れない」
「とにかく忙しくて本を読む時間がなかったが、読書が習慣になった」
「本の内容を、すぐにアウトプットに活かせるようになった」
「コミュニケーション力があがった」
「集中力が手に入った」
「子どもの学校の成績があがった」
「昇給して、年収がアップした」
「スキマ時間に参考書を読むだけで難関資格に合格した」
「頭の回転が以前よりも速くなった」
「仮説思考や論理的思考が自然と身についた」
「60歳すぎなのに理解力が深まった」

いったいどうしてそんなことが可能なのでしょうか。

脳科学を駆使した方法だから、読んだら記憶に定着する

高速読書なら、本で得た知識を長期記憶として脳に定着させることができるので、しっかり覚えることができるし、一度身についた知識やスキルは忘れません。

なぜ、こんな夢のようなことが可能かというと、高速読書が、最新の脳科学に裏づけられた方法だからです。

そのくわしいやり方は第2章にゆずりますが、ここではざっくりと高速読書の進め方をお話ししておきます。そうすることで、高速読書がいかに脳科学を駆使した方法かがわかっていただけると思います。

高速読書は1冊を30分で3回読む方法です。

といっても、立て続けに3回読むわけではありません。時間を開けたり、場所も変えたりしながら読みます。

これが脳科学でいう「**分散効果**」を生みます。

脳科学の分野では、たとえば勉強をする際、一気におこなうよりも、休憩をはさみながらおこなったほうが、記憶として脳に強く焼きつく効果が高いことが証明されています。それを「分散効果」といいますが、高速読書では脳のその習性を利用するために、1冊を30分で3回一気に読むわけでなく、時間をズラしたり、場所を変えたりして読むようにしているのです。

また、高速読書では、単に読むのではなく、読んでいるときに感じたことを本に書き込んだり、気になる部分に線を引いたりします。

これは脳科学の「**エピソード記憶**」を活用したものです。

脳には、平常時よりも、何らかの変化があった場合のほうが物事をより記憶できるという習性があります。これを「エピソード記憶」といいますが、高速読書では、読書しながら本に書き込みをすることで平常時とは異なる状況を作り出し、脳に記憶としてしっかり定着するようにしているのです。

高速読書では「**アウトプット**」も駆使します。

アウトプットとは、高速読書に即していえば、読書で得た知識やスキルなどを、自分の頭の中に留めるのではなく、実際に現実世界で使うことを意味しています。

アウトプットすることで、脳はそれを重要な情報だと捉え、長期記憶として保存するのです。

いかがですか？

高速読書は、その背景に脳科学があることをおわかりいただけたかと思います。

だからこそ、速くたくさん読めるだけではなく、読んだ内容が記憶に定着するのです。

また高速読書では、ほかにも脳科学で立証されているさまざまなやり方を駆使していきます。それらについては随時紹介していくことにしましょう。

2

高速読書と速読は、似ているようでまったく別物

高速読書は「1冊を30分で3回」読む方法

巻頭でもお伝えしているように、高速読書は「1冊を30分で3回」読む方法です。

そう聞いた方は「いつやったらいいのか?」「どこでやったらいいの?」「3回というのは別の本を読むのでしょうか?」などなど、疑問に思うことがあるかもしれません。

そこで、ここでは高速読書はどんな流れでおこなうのかをざっくりと説明しておきましょう。

高速読書では、1冊の本(つまり同じ本ですね)を30分で3回読みます。

1回目は15分、2回目は10分、3回目は5分で読みます。
おこなう場所は、自宅で机に向かって、電車の中、ベッドで横になってなど、どこでもかまいませんが、時間を開けて3回、集中して読んでください。

高速読書をこのようにおこなうのにも、脳科学に裏打ちされた確かな理由があります。
1冊を3回、時間を開けて集中して読むのは、先ほどお話しした「分散効果」を狙ったものですが、1回の読む時間が最大で15分なのは、人間が高い集中力を保てるのは15分が限界と科学的に証明されているからです。

もう一度、繰り返しましょう。
高速読書は、
1回目：15分→2回目：10分→3回目：5分
時間を開けて、場所を変えて
おこないます。

この読み方を「パターン①」といい、高速読書の基本形となります（ほかに「パターン②」があります）。細かいやり方については2章で説明させてもらいます。

高速読書と速読とでは目指すゴールがまったく違う

この本を読み始めたばかりの方は、「ところで、いわゆる速読とは違うのだろうか？」と疑問を持たれるかもしれません。

はっきり言わせてもらいます。

高速読書と速読はまったく違います。
目指すゴールも違えば、やり方もまるで異なります。

もし、あなたが速読スクールに通おうと思っていたり、セミナーに参加して高額な教材を買おうとしているなら、「ちょっと待って！」と私は声を大にして言います。正直なところ、考え直したほうがいいでしょう。

高速読書と速読は目指すゴールが違います！

● **速読の目的**
ひたすら速くたくさん読むことが目的
➡ 覚えてなければ無意味

● **高速読書の目的**
たくさん読んで記憶に定着させるのが目的
➡ 得た知識を仕事や生活にいかせる

実際、そうしたスクールに通ったり、大金を払ったりしなくても、速読スキルは身につきます。

この本は、そうした方々のために書きました。

速読マニアになりたい。そんな一部の人を除けば、一般の方が速読スクールに通ったところで、驚くほどの効果を期待するのは難しいでしょう。

なぜなら、本を読む「目的」がまるで違うからです。

速読は、ひたすら速くたくさんの本を読むことを目的としています。

でも、速く読めても、覚えてなければ無意味だと思いませんか。

しかし、この本で紹介する高速読書は違います。

高速読書はたくさん読んで記憶に定着させるのが目的です。

しかも、得た知識は仕事や生活でいかすことができます。

つまり、高速読書で手に入るのは、本を速くたくさん読むことによる情報の量と質だけではありません。時間と成果が同時に手に入るのです。

しかも、高速読書の方法はいたって簡単。トレーニングなどはありません。この本を読めば、誰でも今日からすぐに実践できます。

最新研究で明らかになった「速読は科学的に不可能」という事実

脳科学の分野では、昔から有効であると言われてきたような速読術は、実際にはほとんど実現が難しいことが最近、大学の研究で証明されています。

科学的に立証できないことが、わかってきたのです。

そういう方法は、たしかにインパクトがあります。広告を見ただけで思わず興味をそそられてしまうかもしれません。私もそうしたセミナーの告知を見るたびに、何度も参加しそうになりました。

しかし、方法論としては魅力的であっても、効果があるかは別物です。実際には本当にごく限られた一部の人間しかできない相手を選ぶ方法でした。

ただ本を速く理解するという目的だけであれば、耳でオーディオブックを聞いたり、最初から本の内容が要約されたネット要約サービスなどを利用すれば事足ります。

でも、そうしたやり方は脳に記憶を留めたり、あなたの目的や願望の達成には向いていません。

あえて誤解を恐れずいえば、私はほとんど実践する意味がないと思っています。

新幹線から見る景色と同じです。

例えば、超高速で走る新幹線の外の景色を眺めたとき、流れるような景色を目に焼き付けることはできるでしょうか。

田園風景の緑は判別できるかもしれません。では、ビルの数や看板のデザインはどうでしょう。おそらく、目で景色を追うのがやっとのはずです。

ましてや1冊を3分で読むような方法は、音速で飛ぶジェット機の世界となんら変わりません。脳にかなりの負担がかかっています。

さらに、そうした情景を脳に記憶させるとなると、プロ中のプロのパイロットであっても至難の業だということが理解できると思います。実際、アメリカの研究では速読は不可能というのが見解なのです。

2016年にカリフォルニア大学は速読に関する論文を発表しました。これは200におよぶ速読研究や実験データをまとめたもので、ページをカメラで撮るように読み取ったり、眼球をすばやく動かしたりするテクニックは科学的に根拠がないと断言しています。

読書において目や眼筋の動きがもたらす重要性も10%以下である、といわれています。つまり、いくら眼球を鍛えても意味がないということです。

実際、2008年に速読大会でチャンピオンになった人物に『ハリー・ポッター』の最新刊を読んでもらったそうです。

協会が認定しているいわばチャンピオンのような人物です。その方に『ハリー・ポッター』の最新刊を読んでもらったところ、なんと約45分で一冊を読み切りました。速いですよね。あの辞書のように分厚い本を、です。とても驚異的なスピードです。

しかし、チャンピオンは感想を聞かれて、簡単にまとめると次のように答えたと言われています。

「最高傑作の小説だよ。子どもたちに人気があるのもわかる。子どもたちの創造力をかき立て、また子どもたちが心を悲しませるシーンもあった。でも、この作品は最高だ」

いかがでしょうか。あなたが読書の結果、このような内容しか感想を述べられないとしたら、それを脳に記憶する意味がはたしてあるといえるでしょうか。

眼筋を鍛えてもビジネスでは成功しない

ここまで読んでもおわかりいただけると思いますが、高速読書には、右脳で写真のように見るとか、眼球をすばやく動かすとか、そういった、ちょっとオカルトチックな話は一切出てきません。

眼球の話などは、ある意味ものすごく小さなテクニックの話で、本質ではないのです。

いくら眼球の動かし方が人より上達したところで、本当の意味でビジネスでは成功しないし、教養人にもなりません。

「なんか眼筋がすごく強い人だな」「眼球マニアなのかな」などと思われるだけです。

正直、眼筋を鍛えて本をたくさん読むことや、目を使って画像を取り込むような行為は、眼球や脳を酷使するだけなのでおすすめできません。

もし毎日、サッカーでヘディングが上手くなるために、額の筋肉を鍛えなさいといわれたらどう思いますか。寿命縮むと思いませんか？

科学的に証明されていない方法で、そんなに体を酷使していいのかな、と私などは思ってしまいます。

眼球だって、そんなに鍛えられたいわけじゃないはずなんですよ。眼球はもろい存在です。

私はもともと眼底が弱く、網膜剥離《もうまくはくり》の可能性が他の人より高いことがわかりました。偶然、眼科で検査して判明したわけですが、知ってしまってからはなおのこと、そうしたトレーニングはできないなと思っています。

なので、あまりそうしたところに自分の負荷をかけず、精神的にどんどん追い込まないほうがいいと思います。

たくさん読んでも人生に役立たないなら無意味

高速読書と速読の違いについて、もう少し踏み込んでおきましょう。
速く読むというのは、たしかに価値がありすごいことです。でも、例えば人の10倍速く読んで、10倍時間が余ったら何に使うか。

速読はそこに答えてくれていませんが、じつはこれこそが本質なのです。そこに気づいている人は、意外と少ないものです。

人生にとって、一番大切なのは時間です。時間は命そのものです。

速読は速く読んで、次の本をまた速く読もうと言います。そうすれば、たくさんの本を読めます、と。
だったら私は聞きたいと思います。
じゃあ、いつまで読むのか。終わりはないのか。どこまでも、それを続けるか。

人の１００倍読んで、あなたにどんな変化がもたらされますか。人生、それで楽しいですか。限りある時間をそれだけに費やしていいのですか、と。

速読スクールに通っていた知人は、今では自分でスクールを開催できる権利を得て、土日に講師として教えています。ちょっとした副業です。

しかし、いまだに本業の収入が低いと嘆いています。さらに本社が海外企業と合併、これからリストラがはじまると言います。

独立すると言っていましたが、いまだにサラリーマンです。講師の副業だけでは家族は養えません。それどころか、家族と過ごす時間はむしろ減っています。今後は大好きな本を読む時間もまともに取れなくなると嘆いていました。

これはひとつのケースです。私はこの知人が不幸だというつもりもありません。

速読を教えることの充実感は、お金には代えがたいものがあると思っています。

ただ、目的や願望を達成させなかったら、あとで後悔する可能性もあるということだけは覚えておいてください。

残念ながら、あなたのキャリアには、年齢や職業には関係なく賞味期限があります。そして、失った時間は、もう二度と取り戻せることはないのです。

高速読書と速読の違いが漠然としか見えていない人は、ここのところをじっくりと考えてみてください。

3

高速読書はレッスン不要。今日からすぐに実践できる

実践イメージは書店での立ち読み

高速読書はしてみたいけれど、私はもともと1冊の本を読むのに何日もかかってしまう。そんな私にもできるのかしら。

そのようにお考えになる方もいるでしょう。でも大丈夫です。

実は多くの人に、今までの人生の中で、無意識のうちに高速で本を読んでいた、という経験があるんです。

私もまだ高速読書のメソッドを生み出す前に、1冊の本を、ものすごいスピードで読んでしまった経験がありました。

いったいどういうときだと思いますか。

それは書店で立ち読みしたときなんです。

「え？」「なんだ立ち読みかよ」と思った方もいると思いますが、脳科学的にも、これがとても有効なのです。もちろん、ちゃんとした理由もあります。

たまたま書店で見かけた本を手に取って、そのまま一気に読んでしまった経験は多くの人にあることでしょう。

本のジャンルは問いません。私のようにビジネス書かもしれませんし、旅行ガイドかもしれませんし、年金の本かもしれません。

このとき、人は誰でも一番速く読めているのです。

まず、自分が買った本じゃない、というのが大きいですね。

心理的な負担がぐんと下がります。

限られた時間の中で、とりあえず自分の目的に沿うものだけを「つまみ読み」しても、なんら心理的な負担がない。

これが、「自分がお金を出して買った本なんだ」となると、たちまちハードルがぐっと上がります。投資コストを考えてしまうからです。なので、立ち読みしたときは、何のプレッシャーもないので、すごく速く読めるんです。

速読を習ったことがない人でも、立ち読みで、昼休みの10分間で1冊の本の中身をだいたい理解してしまったことがあるのではないでしょうか。

じつは、あなたは自分でも気がつかないうちに、脳がリラックスした状態で、理想的な高速読書をおこなっていたのです。

しかも、目的に沿ってきちんと読んでいる。だから、忘れない。

すぐにビジネスなどのシーンでも使えます。書店からオフィスに戻ったあと、本からインプットしたＷｏｒｄの使い方をすぐに実践してみる。家に帰ってからさっそく旅行ガイドに載っていたホテルを予約する。

これなんですね。15分で読めて、実際に使っている感覚というのは。

ぜひ、この感覚を忘れないでください。

知識も技術も必要ないから今日からできる

書店で立ち読みしているイメージを思い浮かべれば、高速読書には知識も技術も必要ないことがおわかりいただけたかと思います。

ここでは、高速読書に不要なことをはっきりさせておきましょう。


高速読書をする前提として知っておいてもらいたいのは、特別なレッスンやトレーニングは一切必要ないということです。

人間の限界に近づくためのアスリートのような眼筋トレーニングや、2~3分で本をリーディングするような超人的パワーなどを身につけていく必要もありません。

そんなものを求めるのは、とくに高齢の方には不可能です。そんなことをしたら、脳だけでなく目までおかしくしてしまいます。

要するに高速読書には知識も技術も不要だということです。だからこそ、ビジネスパーソンや学生さんだけでなく、主婦でもシニアでも今日からできるのです。

この本に書かれている方法を使えば、自分を酷使しなくても、誰でも速読法を手にすることができます。

読者の方には、もっと手を抜いて、もっと本を楽しみながら、自分の人生を変えてくことを優先させてほしいと思っています。

リラックスして実践したほうが記憶できる

高速読書は、すでにご理解いただいているように「１冊を30分で３回」読む方法ですが、先ほどお伝えした「分散効果」以外にも、この「３回」には確たる理由があります。

人は心理的な負担があると、うまく脳が機能しません。

これはアメリカのヴァージニア大学のデニス・プロフィット教授の実験でも証明されています。

被験者に重い荷物を背負わせるというプレッシャーを与えて、目の前の坂の角度を推測してもらいました。

すると、荷物が少なく身軽な状態と比べて、重い荷物を背負っている状態では坂の角度を「より急勾配である」と高く見積もったのです。

さらに興味深いのは、気が滅入るような音楽と、心が軽やかになるようなアップテンポの音楽を聴いたときに同じ実験をしたときの比較です。このときでも、前者の音楽を聴いた場合は、後者よりもおよそ2倍近く坂の角度を高く見積もったのです。

このように、**心理的な負担を抱えていると、脳の働きは鈍くなってしまいます**。

もし、高速読書が「30分で1回読む」方法だったらどうでしょう。

「これが最後のチャンス」「失敗したらどうしよう」「一気にやらなければ」などと考えて

しまうかもしれませんね。

当然、心理的な負担は増すばかりです。

すると、脳の働きが鈍くなり、記憶がしっかり定着しにくくなってしまうのです。

1回で暗記しようと思ったり、すべてを理解しようと自分を追い込むと、どうしても心理的なハードルが高まってしまいます。人によってはそれだけで気が焦って読書に集中できなくなります。

あるいは、脳をそのような状態にしてしまうと、自分でもコントロールが利かなくなり、何度も同じところを読み返すなど大幅な時間ロスになります。

このような心理状態では、正直、もう高速読書どころではありませんよね。

ところが逆に、**「3回読んで理解すればいいや」と思えばどうでしょう。**

心理的負担がぐっと軽くなるのは言うまでもありません。

「次がある」「明日がある」と思えることで、人は救われるのです。

楽しみながら実践して海馬をポジティブに

そもそも脳は、とても活発に働く臓器です。

体重に対して2%ぐらいしか重さがないのに、使われるエネルギーは全体の25%にもなるといわれています。

さらに脳には海馬という部位があります。

記憶の鍵は海馬が握っています。覚えると決めたことは長期間そこに保存されます。また海馬の近くには扁桃体という感情を司る部位があります。

この扁桃体は、ワクワクしているときに海馬に働きかけて記憶力を高めるということが、東京大学医学部の研究でもわかっています。

このことは何を教えているのでしょう。

何かを学習するときは、どんなにいい本や教材であっても、まず楽しまなければ意味がないということです。

新しいやり方というのは、失敗してうまくいかなかったときに、どうしてだろうとポジティブに考えて、失敗から学ぶことから生まれてきます。「失敗は成功の母」とよくいいます。常にポジティブに自分を改善していくということも非常に大切です。

高速読書をするときも、「速く読まなきゃ」と焦るのではなく、読書に没頭していることを楽しむことが前提として大切です。

4

高速読書を実践して、人生を豊かに変えていこう

高速読書を活用すれば新しい世界が開けていく

高速読書を活用すれば、どのような世界が開けていくのでしょうか。

それは、これまでとまったく違う、新しい世界といっても過言ではありません。

例えば、仕事の合間のスキマ時間で。商談前のクールダウンで。友人を待っているカフェで。そんな日常のちょっとしたスキマ時間でも、高速読書なら1冊読めてしまいます。

それでいて、しっかり記憶に残り、忘れない。どんどんあなたの脳に記憶がストックさ

れていくわけですから、例えば商談前に読んで、そのエッセンスをすぐにクライアントに話すことも可能です。

あなたが上司であれば、その場で部下に話して聞かせることもできるでしょう。

私は会社経営者をしながら、同時に株式投資で3億円を超える資産を築きました。

もちろん、私に特殊な才能があったわけではありません。

最初は証券会社の口座の開設方法も知らなかったのですから、スタートは読者のみなさんとほぼ同じです。

それでも、私が成功できたのは、経営という多忙なビジネスのスキマ時間を利用して、コツコツと株式投資の本を読み続けたからにほかなりません。

1冊を30分で3回読めるのですから、購入した株の本はどんどん消化されていきました。

さらに、脳に刻み込まれて、忘れないわけです。

結果的に、私は高速読書で得た知識だけで、億を超える資産を30代で手に入れることになります。しかも、すべてちょっとしたスキマ時間での読書で得た知識ばかりです。

このように、**1冊を30分で3回読めるというのは、あなたの人生を劇的に変える可能性があるのです。**

スピード×知識×行動で成果に変わる！

すでに何度となくお話ししているように、高速読書は1冊を30分で3回読む方法です。そうすることで、脳科学的に、記憶として定着しやすくなります。

とくに私がこれから話す、あなたの目的や願望と関連づけたり、自分のエピソード記憶の中に刷り込んでといった方法で読むと、速く読めるうえに忘れないようになっていきます。

すでにおわかりだと思いますが、この高速読書の方法は、これまでの本をただ速く読むだけのものとは違い、速く忘れずに読みながら、その内容を仕事や成果につなげていくこ

高速読書を武器にすればスピード×知識×行動量で飛躍的に成長できる！

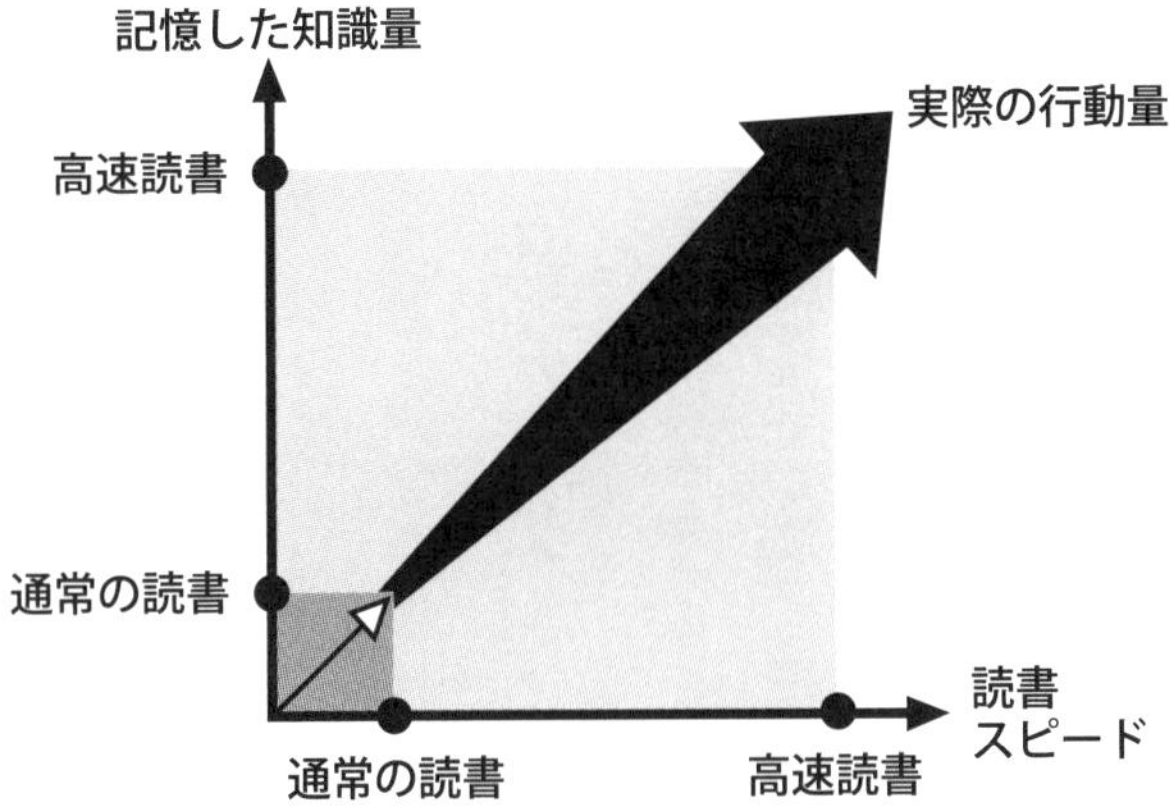

とができるようになる方法なのです。

これができれば、仕事もプライベートも楽しくなります。

社会人だけではありません。あとでふれるように学生やシニアでもそれは同じです。

読書が成果につながっていくことによって、脳科学的には、自己肯定感が高まります。自分への評価の高まりが自信にもつながることがわかっています。

まさにタイトルのとおり「死ぬほど読めて」、それに加えて「死ぬまで役立つ」読書術なのです。

読書を続けることが、成果につながっていく。自分の価値観や周囲のフィードバックにつながっている。

そういうふうに自分を捉えることができれば、毎日が今より明るく感じるようになるのではないでしょうか。また、性格もどんどん明るくなったり、ポジティブになったりします。

なぜネットの情報ではダメなのか？

このような話をすると、「でも、ネットで情報収集すれば時間が短縮されるし、今の時代は本こそいらないんじゃないか」と話す人もいます。

もちろん、ネットで情報を検索するのも有益です。私はネット検索の力を否定していません。

検索すれば、知りたい情報が一覧でパッと出る。こんな便利なツール、使うなというほうが酷な話です。

ただ、ネットの情報にも欠点があります。

まず記憶に残りにくい。そして、網羅性に乏しいといった欠点もあります。

なぜ、ネットの情報はすぐ忘れてしまうのか。

それはネットの情報というのは、右から左にただ流れているだけで、誰かが強い使命感を持って書いているわけではないことが多いからです。

もちろん、すべてのネット記事がそうだといっているわけではありません。

しかし、ネット情報というのは、読者に価値を届けたいといった使命や、その読者に必ず成長してもらいたいという意思があるとは限りません。

目的が違うからです。ネット記事が向いている方向は、検索エンジンのＧｏｏｇｌｅです。

どちらかというと読書よりも、なるべく速く効率的に編集して、ネット上でＧｏｏｇｌｅに評価されて検索上位にさせたいという考えのほうが先にあります。

そこにあるのは、読者ファーストではなく、Ｇｏｏｇｌｅファーストです。

しかも、ネットの情報というのは、非常に不確かなものが多いのも事実です。

あなたがそれに気づいていないのは、そもそも基本となる正しい情報が少ないからです。

私のようにたくさんの本を読んでから、ネット情報を読むと、たくさんのミスや表現の誤りに気づきます。

さらに、ここを絶対に外してはいけないという部分を、けっこう意図的に表現していなかったりもします。これも、検索エンジンの最適化を考えれば、致し方ないことなのかもしれません。

検索エンジンを相手に記事を書いているので、どうしても似たようなタイトルや文章になってしまいます。

いっぽう、メリットもあります。

ネット記事検索が便利だという一番の理由は、知りたいと思ったら、すぐに知識を得ることができることです。

いまでは、触れるだけでも、情報を見つけることができます。

すぐに必要な情報を手に入れたい。そうした志向性が強いときには、ネットの情報は向いています。

また、書籍よりも読者へのマーケティングやカテゴリーが明確に提示されているのも特徴です。

加えて、ネット上に再編集されたコンテンツというのは、たしかに快適でサクサク読めます。

しかし、それならどんどん記憶に残っていくかというと、そんなことはないんですね。

なぜなら、まず答えを自分で見つけ出すというプロセスが完全に欠落しているからです。

また、物事を深く理解したり、周辺のストーリーやエピソードから記憶に蓄積していくという作業にも向いていません。

私たちはビジネスやプライベートを通じて、自分自身を高めたいと望んでいるはずです。

人生の目的がなんであれ、それを達成したいという人は、やっぱり本をしっかり読むことを大事にしています。

それも時間をかけず、脳が忘れない読書法で。その内容を行動や成果に変えていくことが人生にとって有意義だと気づいているからです。

高速読書でトップ3%のビジネスエリートを目指す

読書を続けていれば、会社で出世できたり、抜擢《ばってき》される可能性も高まります。

本を読む習慣を手に入れると、考え方や行動が変わってくるからです。

ここでは、ビジネスエリートや富裕層と呼ばれる人たちが、どのように読書を武器にしているかを考えていきましょう。

それがわかれば、高速読書をマスターしたいという動機にもなるはずです。

例えば、あなたが年収を増やしたいと考えているとしましょう。目標はいくらでもいいですが、キリよく年収1000万円としましょうか。

こう聞くと、まだそこまで達していない人から見たら、すごくハードルが高く感じることでしょう。

それもそのはずです。年収1000万円プレイヤーというのは、日本の平均で見るとトップ3％に入るからです。

では、具体的に年収1000万円や1500万円以上の準富裕層と呼ばれる人たちが、月にどれぐらいの本を平均で読んでいるかご存じですか？

年収の高いビジネスマンに人気のある雑誌「プレジデント」を発行するプレジデント社では毎年、ビジネス成功者の習慣の特集をしています。そのなかで、読書に関するアンケート調査も実施しています。

すると、**1000万円以上の年収クラスで月平均7冊の読書をしていることがわかりました。**

さらに、億を稼ぐ大富豪となると、それより少しだけ多くの本を読んだり、朝に読書をする習慣を身につけていることもわかっています。

アメリカの代表的な億万長者であるビル・ゲイツは、毎晩、寝る前に1冊の本を読むことを習慣にしているともいわれています。イーロン・マスクやウォーレン・バフェットも多読家です。

このように、**ビジネスで成功する課程や、資産を形成するというプロセスにおいて、やはり読書が非常に大切な武器になっているわけです。**

ただこれだけ聞くと、「なんだ、自分とは関係ない話じゃないか」「結局、強い意志がなければ成功できないということか」と諦めてしまうかもしれません。

しかし、ちょっと待ってください。ここでよく考えてみてください。

まず、現実問題として、たいていの人は、月に1冊か2冊しか本を読みません。あるいは、まったく読まないという人も少なくないでしょう。

でも、あなたのまわりのトップリーダーや億万長者になったといわれている人でも、月に平均すると7冊程度です。

この数字を知って、あなたはどう思うでしょうか。

今はどうあれ、高速読書をマスターしたあかつきには、じつは「そんなに読んでいないんだ」と考えることができるはずです。

あなたにとっては楽勝で到達可能な数字なのです。

少なくともあなたは、冊数では億万長者の仲間入りです。

そう考えるだけで気持ちが明るくなりませんか。

資格試験や受験勉強にも高速読書を活用できる

今の時代、時間に追われている人はたくさんいるでしょうが、その代表格ともいうべき存在が資格試験や入学試験が間近に迫っている人たちでしょう。

「頻出単語も覚えきっていない」「過去問もやりきっていない」「3日前に覚えたはずの公

式が抜けてしまっている」……。

そんなときに強い味方となるのが、速く読めて記憶にも定着する、そう、高速読書なのです。

もちろん、まったく未読の参考書をいきなり高速読書で読むのは難しいかもしれませんが、例えば、試験会場でざっとチェックするなら最適です。

すでに何度かは通読しているのなら、2章でくわしくお話しする「青ペンなぐり書きリーディング」をおこなっておけば、重要な部分はたちまちのうちに確認できます。

ハサミと一緒で高速読書は、要は使いよう。

あなたのつきあい方ひとつで、強力な援軍になってくれるのです。

ちなみに脳に記憶を定着させるためには睡眠も必要です。

覚えることがたくさんあるからといっても、徹夜で試験会場に行くのは避けたほうが賢明でしょう。

シニアが高速読書で新しいジャンルに挑戦する

本好きの実感として、ときには残念ながら、正直言って、読んだあとに「時間のムダだった」と思えてしまう本があります。

そんなとき、ガックリと落ち込んでしまう人もいますが、とくにシニアのみなさんには切実な問題です。なぜかといえば、平均寿命に照らしてみれば、残された時間が、働き盛りの40〜50代よりも少ない可能性が高いからです。

実際、知り合いのシニアの方はこう嘆いていました。

「定年を機に時間ができたので、西洋史の本に挑戦していました。歴史って、英雄たちの戦いなどもあって、読んでいて血湧き肉躍るものじゃないですか。ところがその本は淡々と史実が書かれているわけで、ぜんぜんときめかないんです。

3巻くらいまでは、そのうち面白くなるだろうと思って我慢して読んでいましたが、そうはならなかったので、投げ出してしまいました」

ちなみにこの歴史書は全12巻だそうです。シニアの方はお金ばかりか時間もムダにしてしまったのです。

私は、同じ本好きとして、この方ともっと早く知り合いになれなかったものかと悔やんでいます。

もうおわかりですね、私ともう少し早く知り合っていれば、シニアの方に高速読書という存在を教えることができたからです。言うまでもなく高速読書は高齢の方でもいとも簡単に覚えることができます。

そうすれば、1巻目をサクサクと読んで、見切りをつけることができたのはないでしょうか。

もちろん、シニアの方に向くのは歴史書ばかりではありません。資産運用の本だろうと、孤独を楽しむエッセイであろうと、なんでもござれです。

高速読書は、時間に制約があるシニアの方には、まさにピッタリの読書法ではないでしょうか。

人間関係や子育ての悩みも、高速読書が解決する

悩みというのは、たとえ家という小さな単位の中でも尽きないようです。それは、連日のように繰り返されている家庭内で起こっている事件の報道を見れば、一目瞭然です。

ともすると、家庭にいる方というのは、世界が狭くなりがちです。近しい人の考え方に影響されることも少なくないでしょう。

「世界をもう少し広げたらどうですか」と言っても、子育てに追われ、要介護の親を抱えているなどとなれば、現実問題として外の世界に常時触れるのは不可能でしょう。

ここでも、高速読書の出番となります。

現実世界ではなかなか視野を広げるのは難しいかもしれませんが、本の世界だったら、子育てのプロの意見も、心理学の大家の考え方も学ぶことができます。

しかも、**高速読書なら時間を取られないので、育児や介護のわずかな休憩時間にでも読**

むことができます。しかも、しつこいくらいに言っていますが、記憶にも定着します。

高速読書は、ビジネスパーソンばかりでなく、受験生、主婦、シニアなど、どんな立場であろうと、「時間がない人」には最適な読書法なのです。

あなたの人生の目的は？　読書の目的は何ですか？

この章の最後に際して、あなたにはっきりと言っておきたいことがあります。

速読だけではあなたの人生の目的は達成できないし、ビジネスでいえば成功したり出世したりできませんせん。

大事なのは、高速読書をどう「武器に変えていくか」という思考です。

一時期、ＮＬＰという心理学がはやりました。日本語では「神経言語プログラミング」「脳の取扱説明書」などといわれるものです。

しかし、セミナー講師を別にすれば、それだけで出世できた人はいるのでしょうか。

人と同じ動きをすればコミュニケーション力が高まるといわれても、実際にそれを現場や教育の場でやるのは難しいものです。実際に同じ動きをしたからといって、あなたが出世するとも限らないですよね。

高速読書でもそれは一緒です。

つまり、それを「**どうあなたの目的や環境に合わせて、活用していくか**」が問われるわけです。

何を重要視するか、どこにフォーカスするか。

この視点が、あなたに役立つ読書をするためにはとくに大事になるのではないでしょうか。

目的を持って本を読めば、何を手に入れて、何を手に入れなくていいかが全部わかります。それをどう使うかも明確化されます。行動するためのアクションの手順も。そうすることによって、読書というものが武器に変わっていくわけです。

また、目的が明確になればなるほど、それが脳のトリガーとなって読んだ内容を忘れなくなります。その意味でも、**高速読書を始めるときは、まず読書の目的を明確にすることが大事です**。

さらに言えば、人生１００年時代といわれる時代において、どうしたら無駄なく自分の価値を高めていけるのか。そうしたことを真剣に考えることが必要となりました。

そのためには、まず、あなた自身の価値を高める武器を手に入れることです。つまり、高速読書で本を読み、それをシンプルに行動する力に変える方法を身につけるのです。

そうやって自分の価値を高めていくことは、自分の未来を紡《つむ》いでいく力にもなります。

そうすることによって初めて、あなたの人生の目標は達成されるのです。

第2章

高速読書を成功させるすごい読書テクニック

1

読書前のちょっとした準備だけで、読むスピードは格段にアップする！

読書の「目的」を言語化しよう

高速読書は、速く読めて記憶に定着するというのが何よりの特徴です。では、高速読書をしっかりマスターするためには、どんな準備をして、どんな読み方をして、どういう工夫をするのか。そしてどのような脳の使い方をするか、が大事になります。

まずは「事前準備」からです。

脳を動かし、記憶術として本の内容を忘れないようにするための準備は、いくつか段階があります。

なかでも、一番大切で、**最初にやるべきことは「目的を持つ」ことだと思います。**

たいていの読者の皆さんは、手にした本を速く読みたいという目的はあっても、何のために速読するのかという目的を持たずに始めてしまいます。

しかし、これでは本があなたを助けるパートナーになりえません。

いっぽう、3社のグループカンパニーの経営者、投資家、脳科学の研究者、作家、大学の客員講師といったいくつもの顔を同時に持つ私にとって、本は常にビジネスパートナーであり、目的を達成するために勇気と方法とチャンスを与えてくれる道具であり、最強の武器でした。

具体的にこれから会社を設立したり、株式投資をはじめる方なら、そのための方法やチャンスを得るために本を読むわけです。

でも、ほとんどの人は人生の目的や願望を、まず明確に持たないまま、ただやみくもに速く読むことだけに集中して、「よかった」「悪かった」という書評で終わってしまう。

だから記憶にも残らないし、読んだ内容が人生の成果に結びつかないわけです。

あなたの目的や願望は明確ですか

いいですか。いきなり、核心に入ります。

本を読むことをあなたの人生や成果に結びつけるには、その最大の秘訣を知ることです。**それは、最初に「目的意識と課題意識を明確に持つ」ということになります。**

これは、脳を味方につけるための、非常に大切な手続きです。

この手続きを無視して、次のステップにも行けますが、効果は半減しますし、何より人生に変化が訪れません。

実際、そんなに難しいことではありません。

もし、目的や願望を設定したことがない、そんな方がいれば、この本で紹介するとおりに進めてみてください。

読む本は決まっている必要はありません。

むしろ、決まっていないほうが、よりフラットな状態で自分の目的を棚卸《たなおろし》できます。

つぎに、例えばノートや、もしあなたが日頃使っている手帳などあれば、その空白部分でもかまいません。第3章で紹介するアウトプットノートに書くのもおすすめです。そこに、**いまあなたが果たしたい目的や願望、自分が抱えている課題、あるいは仕事で手に入れたいスキルやポジションなどを、自由に書き出してみてください。**

数は5個でも6個でも、20個近くになっても大丈夫です。その後に、高速読書で本を読めば、それが心理学の本であっても、マーケティングの本であっても、歴史や仏教など宗教の本であっても、あなたの目的に役立つ箇所を脳が勝手に探し出し、これまで以上に本をインプットしながら、よりあなたの役に立つ読書ができるようになります。

そういった、自分の中に、「高速読書の目印（フラッグシップ）」というか、目的意識を常に持つことが非常に大事になります。

目的が決まったら、読むべき本はおのずとわかる

目的を決めたあとは、どのような本を選べばいいでしょうか。

「どういう本を選んだらいいですか？」

この話をすると、こうした質問が私のもとに多く届くようになります。あなたの中に目的や願望がセットされると、脳が自動的に追尾し始めるからです。戦闘機のミサイルと同じです。速くそこにたどりつきたい、と脳が勝手に動き始める。だから、これまでただ無作為に読んでいた人でも、そうした質問をしたくなるのです。

本を探すときは、基本的にまず自分の目的に沿うもの、自分の課題に沿うものを選ぶことになります。

例えば、あなたが株式投資で困っているのであれば、まず目的や願望、解決したい課題を書き出します。

子どもの教育に困っているのであれば、将来の理想や、どのような子に育ってほしいか

を書き出します。

あとは、ある程度の規模の書店をぶらぶらと歩いていれば大丈夫です。

どういうことを解決したいのか、ということを紙に書き出していれば、自然とそれに合った本を脳が見つけ出します。

カラーバスっていう心理効果をご存じでしょうか。

普段はまったく気にならないのに、朝のニュース番組で赤色がラッキーカラーだといわれると、とたんに町中を走る赤いバスはもちろん、職場や書店でも赤いものが目についてしまうというものです。

弊社でも目的や課題を明確にすることを大切にしています。

若い社員を部門リーダーやプロジェクトリーダーに抜擢すると、私は最初にまずやることがあります。

本人と面談し、自分が理想とするリーダーと、その若い社員の特徴を見極めながらギャップを語るのです。

もちろん、どんな社員にも長所と短所があります。なので良い部分は褒めて、身につけてほしいスキル、変えてほしい欠点をきちんと分けて話すようにします。

例えば、このような流れです。


「どんなリーダーになりたい？」

「社員のモチベーションを上げて、また自分自身も数字を上げられるリーダーです」

「そのために、どんなことが足りないと思う」

「数字に対する知識が足りないと思います」

「あと3つぐらい挙げてみて」

「目標設定力です。どのように目標を作るかがわかりません。それから部下のマネジメントのために……」


と徐々に課題が細分化されていきます。

このように最初に目的を明確にし、解決すべき課題を与える。そして、それを目の前で、ひとつひとつ紙に書かせます。

あとは本人が意識してなくても、ビジネス雑誌のコーナーで関連記事を見つけたり、商談中に気になるフレーズをメモしたりと、勝手に脳が追尾したとおりにその目標や課題を追いはじめるのです。

こうした経験は多かれ少なかれ誰しもあると思います。

高速読書の主役は、本ではなくあなた

このように自分が課題や目的としているものを、人は自然と探し出して、見つけ出します。

高速読書ではその力を利用します。

たとえば、あなたがネイルサロンやカフェなどのお店を経営していて、ブログやインスタグラムでの集客方法がわからなかったとしましょう。どうにかして集客したい。これがあなたの課題です。

その状態で書店をぶらぶら歩けば、カラーバス効果で、あなたに最適な本に出合うこと

ができるでしょう。また、実際本を読み始めれば、「集客したい」という目的とは関係ないことは読み飛ばすことができ、**課題の解決策を脳が高速で追尾して、どんどん読書スピードは上がります**。

これが高速読書をする上での大前提なのです。目的が言語化されていないと、いくら高速読書のテクニックを使ったとしても成果はあげられません。地味ながら大切なことです。

今のあなたに必要な、「目的や課題を解決するための知識」をインプットするための読書、それが高速読書です。**本に書かれているすべてのことをインプットする必要はありません**。**主役は本ではなく、あなた自身なのです**。この前提は忘れないようにしてください。

2

【高速読書1回目】どうすれば15分で1冊読めるのか

高速読書とは1冊を30分で3回読む方法

ここで、あらためて確認しておきましょう。

高速読書とは１冊を30分で３回読む方法です。

１回目を15分、２回目を10分、３回目を５分で読みます。これがパターン①です。

ここでは２００ページの本を想定しています。スピード的には１ページを５秒で読むのが目標となります。２００ページの本なら15分で読みきることができます。３００ページの本なら25分が目標タイムとなります。

では、どうして読書時間を3回に分散するのでしょう。

一気に読書するよりも、読書時間を分散したほうが、脳に記憶が留まりやすいことが脳科学の研究で証明されているからです。加えて、1回目～3回目をそれぞれ別の場所でおこなうと、さらに効果が高まります。これが分散効果です。

また、「15分」には、人間が高い集中力を保てるのは15分が限界だという根拠があります。ですから、厚めの本を読むときは集中力の持続具合と相談して、適宜休憩を入れるのがいいでしょう。

次項からは、1回目～3回目の読書のそれぞれのコツをお話ししましょう。

1回目を15分で読むためのロケットスタートリーディング

ここではまず、ストップウォッチなどのタイマーを用意します。

私は本を読むときは、いつも無料で手に入るスマートフォンの「時間管理」アプリを使

用します。多機能である必要はありません。私が使っているのはボタンを押すとスタートするシンプルなものです。

なぜ、タイマーアプリをセットするかというと、「集中力」と「達成感」、そして「記録管理」の3つが容易だからです。

本を速く読もうと思った場合、大切なのが集中力です。集中して本を読むことで、脳を活性化して、パフォーマンスを最大限に引き出すことができます。それだけ効率よく記憶に刻み込むこともできます。

実際、何か心配事をしながら本を読んだときなどは、目が文字をなぞっているだけでほとんど脳に記憶されていなかったという経験はありませんか。

しかし、だからといって腹式呼吸や丹田式のような呼吸法をマスターしたり、といった一般的な速読法が教える瞑想のような集中力トレーニングをする必要はありません。誰でもできて、簡単に集中力を高められる方法があるからです。

それが、今から紹介するロケットスタートリーディングです。

人間は始めと終わりを強制的にロックされると、その間の集中力が飛躍的に高まることがわかっています。例えば、スポーツの試合や試験などもそうです。50分と決められた時間によって、意識がそこだけにフォーカスするから、脳が集中力を発揮するのです。

これとまったく同じ状況を作り出すのがタイマーを使ったロケットスタートリーディングです。

試しにタイマーをセットして、目の前のテーブルに置いてみてください。なんだか急《せ》き立てられる気持ちになってきませんか？　より集中力を発揮するには、タイマーを15分に設定してカウントダウンさせることをおすすめします。

スタートボタンを押すと同時に、わき目もふらず一気に読書開始。これがロケットスタートリーディングです。15分で読みきらなければならないため、読書中に集中力が途切れないようになります。

いっぽう、自分の読書時間を記録して管理しておくと達成感を得られて、次の読書をするのが楽しみになってきます。高速読書を習慣化させるためには、カウントダウンではなく通常のタイマーで毎回の読書タイムを計測するのもいいでしょう。それでも集中力は格段にアップします。

椅子に座ると同時にタイマーをセットして一気に読み始める

もうひとつ、本を読み始めるときに私が意識していることがあります。

それは、本を読むまでのハードルをできるだけ下げる工夫です。


一般的に、読者のみなさんが本を読むまでのプロセスはどうでしょうか。

たいてい、本を読もうとカフェに行っても、椅子に座ってまずスマートフォンを手にして、ニュースを閲覧したり手帳の確認などから始めていませんか。

それから、何通かの仕事やプライベートのメールの返信を始める。メールの内容によっては、気分が高揚したり落ち込んだりもするでしょう。

そうして、気持ちのメリハリがつかずに、しまいには本を読む時間も、気力も失われていくわけです。

そうならないためにも、私が決めているひとつのルーティーンがあります。

それは、目の前に本を置く習慣です。それも、座るとほぼ同時に、カバンから本を取り出してテーブルに置きます。

可能なら、そのままタイマーアプリを起動して、ボタンを押します。すると、合間に余計な誘惑を挟むことなく、すぐに高速読書に入ることができるのです。

人の意思（ウィル）というのは、あんがい脆《もろ》いものです。何か障害があるたびに、私たちはウィルパワーをどんどん消耗しています。

これを防ぐためには、行動までのプロセス上にある、脳が障害と感じるものをあらかじめなくしてしまうこと。できれば、ゼロにしてしまうのが一番良いわけです。

イリノイ州立大学の研究では、包装されたお菓子と、包まれていないお菓子で、どちらを人はより選ぶかを実験したそうです。

するると、包装1つでも人は面倒くさがり、ないほうのお菓子を選ぶ傾向が強いことがわかりました。

つまり、それだけ人というのは誘惑に弱く、面倒くさがりの生き物なのです。

目次は読まなくていい

一般的な速読術や読書術でよくあるのが、「目次」をしっかりと読んでいくと良いという方法です。読書好きな方なら、一度は目にしたことがあるおきまりなパターンです。

でも、「はたして本当かな」と長年、高速読書を続けてきた私は思ってしまいます。

目次をきちんと読めば、内容の配置や、章立ての構造が事前に理解できて、速読や本の理解につながる。一般的にはそれが目次にしっかり目を通す理由らしいのです。たしかに、ごもっともに思えます。でもこれって、あんがいムダな作業です。

いったい、どういうことでしょうか。

目的をきちんと持って読めば、正直、目次なんか読む必要はありません。

いろいろ速読の本を読むと、「目次を見ましょう」「そのあとは、あとがきを読みましょう」と書いてあります。

けれども、それを真に受けて読むと、時間がかかってしかたありません。

なぜかというと、**目次に書かれている大見出しも小見出しのタイトルも、全部、本の中に書いてあるからです**。本を読めば自然と目次も読めます。それを、わざわざ目次だけを時間をかけて読んでも、すごく手間だし、時間がもったいないのです。

では、書店に並んでいる多くの速読の本が、なぜ「目次が大切だ」と主張しているのかというと、全体像を把握したほうが内容を予想しながら読めるからです。

内容やテーマを事前に捉えて、ある程度の目星をつけて、あとは目だけを動かして把握する。その一連の動作を補助するために、そう言っているのだと思います。

その本のテーマを見つけ出す。そのために、目次から理解しようというわけです。

しかし、はじめから自分の人生でどう活かすかを、アウトプットノートや手帳に書き出していれば、目次をそもそも読む必要がなくなります。

他人が構成した目次から、自分が本を読む目的やテーマを見つけ出そうとするのは、あまりに他人まかせすぎると思いませんか。

本当に自立した読書を目指すのであれば、まず自分で紙に書き出す。それから、その目的に沿って本を読むことが大切になります。

つまり、高速読書では目次のページは基本的には飛ばします。

私もそうしています。これで、まずはスタートの時間を短縮できます。

あとがきも、基本的には読まなくていい

つぎは、「あとがき」についてです。

これも、あとがきには著者の考えが集約されている。だから、最初に読みましょうとい

うメソッドがあまりに多くて驚きました。

たしかに「あとがき」で答えが見つかることもあります。

しかし、ほとんどのケースで、それは稀《まれ》です。

基本的に、あとがきは本文で書かれた内容を、著者の語り口で補完するか、簡単に要約してまとめているだけです。

つまり、本文と重複した内容であることが多いのです。

そういった**自分の目的にそぐわない箇所は、ざっと目を通して必要ないと思ったら飛ばしてしまっても大丈夫です**。

著者の自慢話や、身内への感謝なども同じです。読まなくても本の内容は十分に理解できます。

でも、普通の人だと読んでしまいますよね。

しかし、私は違います。「この本を書くときに、お世話になったコンサルティング会社の田中さん」と書かれていたら迷わず飛ばします。

そこに、読むか読まないかの判断の余地はありません。

自分の目的や願望が明確だと、自然とそうなります。

ただ、誤解してほしくないのはその理由です。著者みずからが書くこと自体は、とても良いことだと思っています。書かれた方もうれしいはずです。私も自分の著書で社員に感謝の言葉を述べたことがあります。

ただ、著者はそれを「あなた」に言っていない。

執筆を支えた妻やそのご子息、お世話になった編集者や友人に向けて書いているわけです。であれば、あなたが読む必要はありません。

これで、読む前からすでに、十数ページがすでに高速読書の対象から外れます。

読む価値のない箇所はどんどん読み飛ばせ！

どんどんいきましょう。

今度はイラストや図表です。

基本的に本のイラストや図表は本文の内容を補完するためのものです。

試しにこの本の図表を見てみてください（P53参照）。

いかがでしょうか。書かれている文章も内容も、ほぼ本文のものと一緒です。

これはイラストや図表を作成する際に、本文から構成する文章を抜粋しているからです。そのため自然と本文を要約したような文字となるのです。

もちろん、イラストや図表をすべて否定するわけではありません。

例えば仕事の手順などのプロセスをしっかりと理解したり、難しい公式をイメージで覚えようとすれば、図表で頭に入れたほうが効果的です。

しかし、**すでに本文を読んで内容が十分理解できているのであれば、これらもすべて読み飛ばして問題ありません**。

理解ができている内容を図解で確認しても、それ以上の効果は期待できません。

これで、ジャンルにもよりますが、多い場合で全体の3分の1があなたの読む対象から外れます。

もっとも、少し驚かれた読者の方もいるかもしれません。しかし、高速読書ではその内容が果たして読む価値があるのか、という判断が常に必要です。

結局、すごく大事な考え方ですが、**すべてを大切だと思う人は、すべてが大切に見えてしまう、ということです。この視点が脳を最大限に活用する高速読書には必要で、自分の目的や願望を持つことの最大の理由になります。**

目的が明確になればなるほど、すべてが大事に見えなくなる。必要でないものがわかる。

何が大切で、何が大切じゃないかを先に決める。こうすることで、脳の記憶力を最大限に活用しながら、誰でも、らくらくと速く読めるようになります。

本文に入る前にカバーと帯だけはチェックしておく

目次などを読まないと、全体像や、自分に必要な重要な箇所がわからずに困るのではないかと考える人もいると思います。

しかし、そんな心配はいりません。

私の高速読書にも、きちんと全体を把握するための、読む前の手順が存在しています。

では、私はどのような順番で本を読むのでしょうか。

私の場合は1回目をだいたい10分で読むことを目標にしています。

読む順番は**まずタイトル**です。

次に帯。さらに**帯の裏**を確認します。

帯の表裏を見れば、たいていの場合、どういった内容が手に入るのかが記載されています。この部分を確認するだけで、ほぼ目次を読むのと等しい情報は手に入るでしょう。むしろ、これ以上の情報を読む前にインプットする必要があるのでしょうか。論理的な理由があれば、説明してほしいものです。

さらに、私はもうひとつ、オリジナルで確認するページがあります。

本の**カバーの折り返し（前そで）**です。

前そでとは、本のカバーを開いたところの右側の部分です。帯もそうですが、ここにはだいたい、この本で編集者が読者に手に入れてほしいポイントを非常にシンプルな言葉で解説してあります。しかも、たいていの場合、数行程度で書いてあります。

これらを順番に見て、把握すれば、本の内容や、読者に提供したい価値は、たいてい理解できます。

帯もカバーも、プロ編集者が何日もかけて、ときには営業担当や編集長にダメ出しを受けながら要点をまとめたものです。おそらく、この世で一番わかりやすく、かつ客観的に本の内容を表現したものと思って間違いないでしょう。

あとは、著者のプロフィールも確認します。

これも、ただずらずらと書かれた文字を眺めるだけではいけません。著者の経歴を確認

本文を読み始める前にここをチェックしよう!

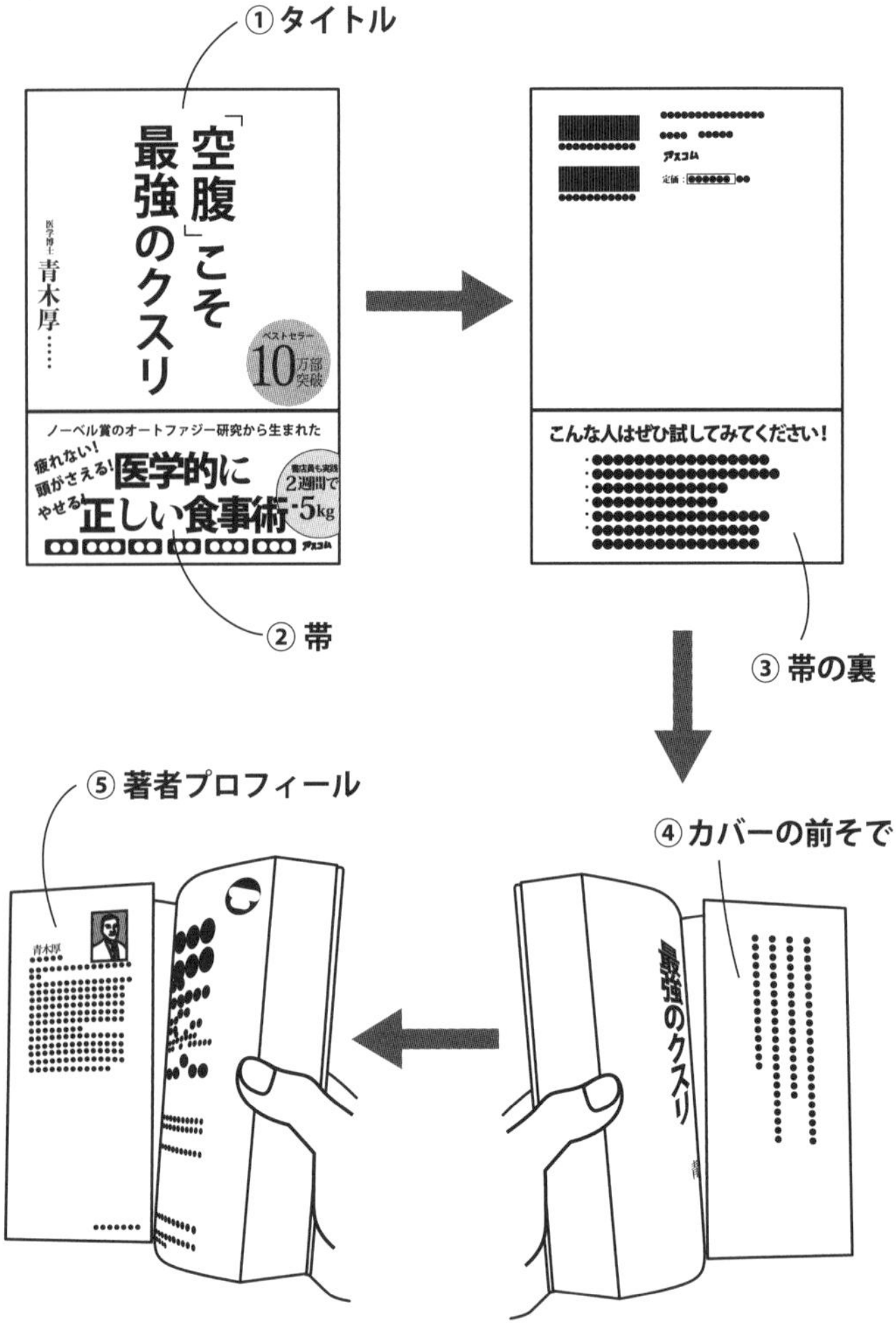

する目的を持ちましょう。

作者の経歴を読むことによって、背景や著者自身の目的、人生において何を大切にしているかのバックボーンがわかります。そのようにして読めばより理解が早まると思います。

1回目は文字を振り返らないのがコツ

さて、ここからは高速読書で本文を読む際のコツを伝授しましょう。

この本では、1回目を15分で読めるようになることを目標としています。

慣れてくれば私のように1冊8分で読むこともできますが、それまでは1回目：15分、2回目：10分、3回目：5分をめざします。

まず、15分で1冊読めるようになれば、この本で紹介する基本的なカタは、ほぼ手に入れたと思って良いでしょう。

その1回目ですが、はじめの段階なので、とりあえず速く読むことを前提に、文字を振り返ることなく内容を理解します。

もちろん、今のままではまだ難しいでしょう。

そこで、次項からは高速で読むためのテクニックを紹介していきます。

「漢字だけリーディング」「つまり読み」の2つです。

順を追って紹介していきましょう。

読書スピードを高速にするテクニック①漢字だけリーディング

「漢字だけリーディング」とは、その名のとおり漢字を中心にして本を読む方法です。

たいていの場合、速く読めない人は、平仮名（かな）も漢字も、全部同じように上から丁寧に読んでいます。

すべての文字を、一文字一文字、頭の中で音読しながら読んでいるから、速く読めないのです。


しかし、本を速く読む人は違います。

じつは、読む文字と、『意識的に』読まない文字をあらかじめ決めているのです。

それが、漢字とかなの優劣の違いです。じつは漢字はとても優秀な文字です。１つ１つに情報が詰まっています。

どういうことか、もう少し詳しく説明しましょう。

先ほどの「情報」という言葉を使って解説しましょう。この漢字を理解するのに、漢字であれば２文字で完結しますよね。しかも、漢字特有のデザインであり、単語のはじまりと終わりがとても明確です。

いっぽう、仮名はどうでしょう。

『じょうほう』と４つの文字を必要とします。また、言葉としてコンパクトにまとまっていないため、単語の意味を理解するのに時間がかかります。

なんだ、そんなの当たり前じゃないか。

そう感じられた読者の方もいらっしゃるかもしれません。

しかし、文字とは情報を伝えるいわば記号。脳が記号を意味として捉《とら》えて、理解するまでは時間と負荷がかかります。つまり、文字が伝わりにくいということは、脳というスペックに相当の時間と負荷がかかるということなのです。

具体的に、つぎの文章を読んでみてください。

『わたしはきょう、りょうしんとさんにんでシャンハイにりょこうにいき、そこでちゅうかりょうのてんしんをたべました。』

いかがでしょうか。

さすがに慣れ親しんだ日本語なので、意味が解らないという方はいらっしゃらないと思います。しかし、読んで、内容を理解するまでには、けっこうな負荷と時間がかかったのではないでしょうか。

続いて、こちらを読んでみてください。

『私は今日、両親と三人で上海に旅行に行き、そこで中華料理の点心を食べました。』

わざわざ脳の負荷を測定するまでもありません。目で読んで、理解するまでの差は歴然だと思います。

実際、ある学会の講演で聴いた話ではありますが、脳の神経細胞研究では、**漢字で構成された文章と、平仮名だけの文章では内容を理解するのに20倍もの差があるというデータがあるほど**です。

さらに、二つの文章を読み比べてみると、ある法則に気がつくと思います。

それは、人は自然と文章を読むとき、漢字を中心に読み進めて、平仮名を補足として目でとらえているということです。

これは、平仮名のほとんどが指示語であったり、漢字同士をつなぐ補助語であるためです。

逆に言えば、**漢字を中心に読めば、平仮名を多少飛ばして読んでも、意味は９割理解できるということなのです**。

これで、本の内容は２分の１程度に減らすことができます。

漢字だけ読めば20倍速くなる!?

私の場合、速読をマスターするために、どこかの速読スクールに通ったこともありません。そのため、はじめはものすごく苦労したのを覚えています。今の1冊8分というスピードを手に入れるのに、です。

しかし、読者の皆さんは違います。

なぜなら、私が苦労して、時間と努力を重ねて手に入れた高速読書を、こうして本で知ることができるからです。

実際に、ある脳のテストで、平仮名の文字がほとんど間違った文章を被験者に渡して、それぞれ内容が理解できるか読んでもらいました。

すると、ほとんどの被験者が意味を正しく理解できたそうです。つまり、漢字だけで意味が成立する内容であれば、平仮名は多少間違っていても、読む側もほとんどその間違いに気づかないということなのです。

このように、**極端な話をすれば、脳科学的には、漢字だけですべてを理解できるよう訓練すれば、本はあっという間に読めてしまいます。**

もちろん、これはちょっと言い過ぎと思うかもしれません。

しかし、**文字が平等に意味を成している、というこれまでの常識をちょっと頭から外して、ほとんどの平仮名がなくても意味が理解できると考えて読めば、それだけで本の文字数は大幅に減り、速く読めるようになります。**

私が8分以内に1冊を読んでいるときは、ほとんどの平仮名は漢字の前後に配置されているのを一瞬で捉えて、感覚的に理解しているに過ぎません。これが、1冊をしっかりと記憶しながら、数分で読むための本当の脳の状態です。

平仮名で重要視するのは「逆接の接続詞」

ただし、漢字だけリーディングをする際にも、気をつけなければならないことがあります。

それは、接続詞の扱いです。

通常、接続詞は平仮名で書かれています。

この接続詞を戦略的に把握できるようになると、先の文章を予測しながら読むことができるようになります。また、筆者の主張などの本全体の構造も理解しやすくなります。

もちろん、それでもたいていの接続詞も読み飛ばしていただいて大丈夫です。ですが、ある特定の接続詞の扱いだけは気をつけてもらいたいのです。

それが、逆接の接続詞と理由を述べる接続詞の２つです。

◎本を速く読むために重要になる接続詞。

□逆接の接続詞　ところが、しかし、だが、けれども、いっぽう

□理由の接続詞　つまり、なぜなら、要するに、というわけで

「ところが」「しかし」「だが」「いっぽうで」などで、文と文とを結ぶ接続詞を逆接の接続詞と呼びます。

逆接の接続詞は前の文を否定して、新しい考えを述べるさいに活用します。そして、そのあとには著者の重要な結論が隠されていることが多いのです。

同じように、理由を述べる接続詞も重要です。あとには筆者の考えや経験にもとづく主張がポイントをまとめるように書かれているはずです。そして、その内容は筆者の主張を支える大黒柱的な役割をしています。

つまり、「逆接（ところが）↓筆者の重要な主張や結論↓理由（つまり）↓主張のまとめ」というのが一般的な本の流れなわけです。

読書スピードを高速にするテクニック② つまり読み

基本的にどのような本でも筆者が言いたいことは1つしかありません。

「いや、そんなことはない。今読んでいる私の本には、実際に作者の主張が3つある」

どんな本でも著者の主張は1つしかない

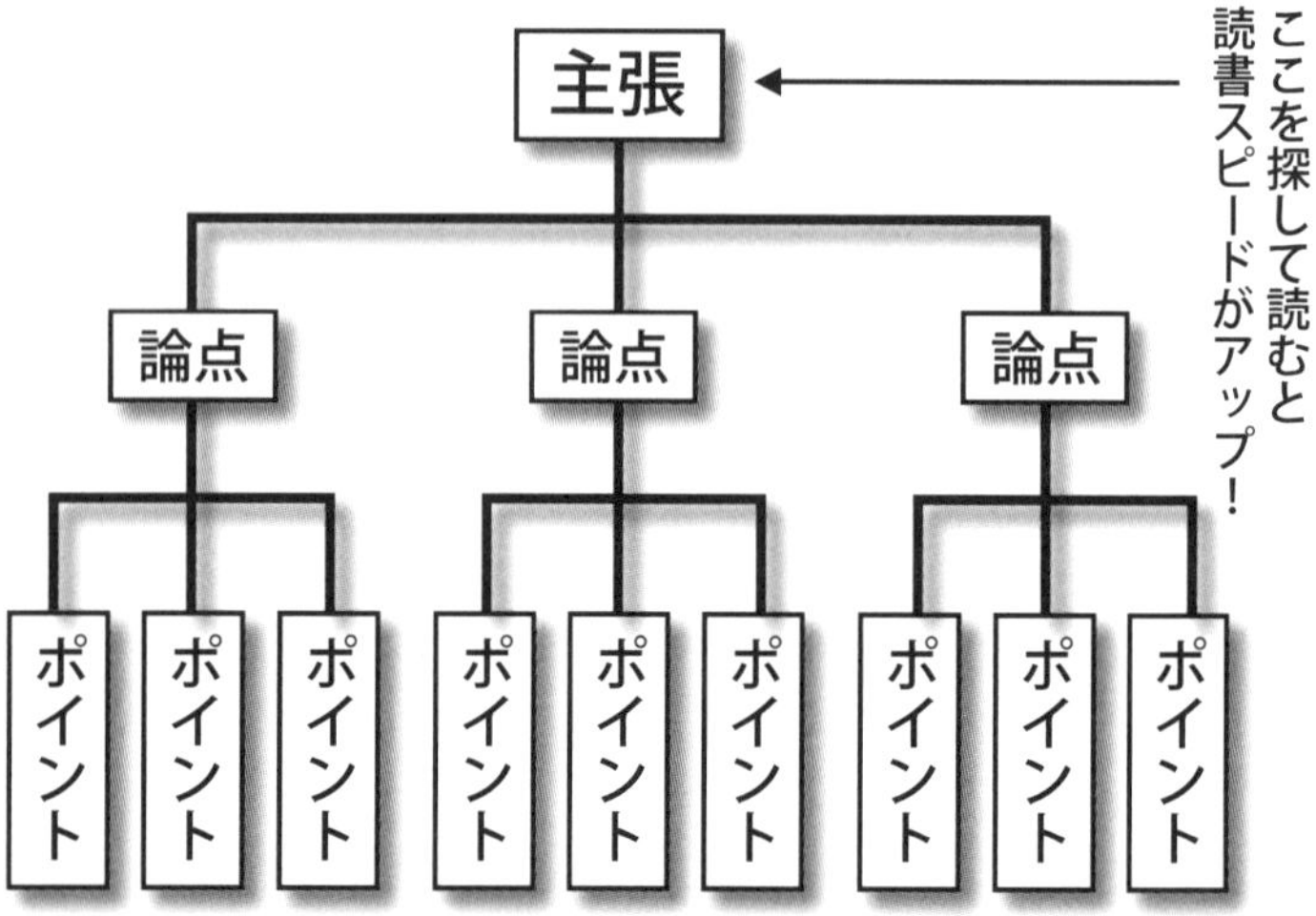

と反論する方もいるでしょう。しかし、それは主に構造の問題です。1つの主張に対して、論点が3つあったり、気をつけるべきポイントが5つある、に過ぎないのです。

つまり、どのような本でも（それが小説や日記風のエッセイでない限りは）、著者の主張とそこから分岐する論点だけを把握すれば、本の内容をほぼ理解することは可能です。

そこから行き着いたのが、これからみなさんに紹介する「つまり読み」です。

これは、私のコンサルティング経験か

ら生まれた読書法です。コンサルタントは結論を先に伝えて、説明を簡潔にしなければなりません。そのトレーニングとして、私は社員に「声に出さなくてもいいので、頭の中で〝結論を先にいうと〟とつぶやいてから説明を始めなさい」と教えています。

するとと、不思議なことに、どのような新人でも結論から話を組み立てることができるようになります。たとえ心の声であっても、脳はその言葉に引っ張られて、結論から話しはじめてしまうというわけです。


これと同じで、**頭の中で「つまり何？」とつぶやきながら本を読むと、大切な部分とそうではない部分が無意識に区分できるようになります**。

結局のところ、著者は何を言いたいのか。接続詞のところでも述べたとおり、主張や結論のある場所はたいてい決まっていますので、把握するのはそれほど難しいことではありません。

□筆者が言いたいことは「つまり何か？」（結論）
□「結論」を支える論点やポイントはどうなっているか（構造）

□結論を中心に構造を理解する。

「つまり読み」を始めてから、目的が明確なら本の内容の半分は捨てていいんだと気づきました。

そこから、私は速く本を読めるようになりました。**目的に沿わないところは削っていい。読まなくていい。内容を絞れば、それだけ記憶にも残る。**計画や行動に時間を使える。

そのことに気づいた。そのうえで「つまり何?」と結論を探しながら本を読むようにすることで、どんどん速く読めるようになったわけです。

1回目の読書ではドッグイヤーを

ちなみに、私は本を読むときは、付箋ではなく、圧倒的にドッグイヤー派です。

重要だと思ったページにドッグイヤーをしています。

なぜドッグイヤーが良いのかというと、まず、道具が必要ないという点です。

まあ、これが圧倒的な理由になりますが、付箋だと耐久性によっては剥がれてしまうこともあります。私はカバンに2、3冊入れて持ち歩くこともあるので、たまに底に細長い付箋が落ちているのを発見することがあります。

おそらく、本と本がこすれて、剥がれて落ちてしまったのです。こうなっては、もう一度同じ箇所に貼り直すことは不可能です。

さらに、ドッグイヤーされた数を見れば、「この本は私の目的や願望にとって価値の高い本だ」と一目でわかります。そこらじゅうがドッグイヤーされているから、同じページ数の本と比べると、重要な本はかなり厚くなってしまうんです。

高速読書が習慣化すると、あなたが所有する本は雪だるま式に増えていきます。そのとき、一目で価値ある本を探し出す工夫も、最初から「仕組み」としてあったほうがいいわけです。

3

【高速読書2回目】青ペンなぐり書きリーディングで記憶

ドッグイヤーのページを中心にダブルテクニックで読む

1回目を15分で読んだら、2回目に入ります。

2回目は、1回目からある程度時間を開けて、1回目とは違う場所でおこなうようにしましょう。このように分散することで脳に記憶が留まりやすくなります。

2回目は経験に関係なく10分で読んでいきます。

でも、心配はいりません。一回読んでいるので全体像はつかめているし、重要な内容はドッグイヤーされたページにあることはわかっています。

だから、ドッグイヤーされたページを中心に読んでいけばいいのです。

速読は誰かに習わなくても、同じ本の読書を重ねることで誰でも速く読めるようになってしまうものなのです。

これは知人の経営者から聞いた話ですが、楽天の三木谷さんはものすごい多読家だそうです。1冊をすごい速さで読むそうで、周囲も驚くと言います。これはなぜというと、これまでにさまざまな本を読みすぎて、書いてある内容をほとんど一瞬で理解できているからなのだと私は思います。

例えば、同じ話し方の本を読むのも、1回目より2回目のほうが知っている箇所も情報も増えるので速く読めます。

経営とか人事とか、少し難しい組織論の本などでも同じです。

昨年は『ティール組織』という海外の翻訳本が流行しました。これは総数が300ページ近くあり、さすがに誰でも読むのに時間がかかります。

しかし、ある程度、組織論の本を読んだ経験があり、さらに実際に人事の現場やマネジメントの仕事に関わっている経験があれば、理解していることが多いので読むスピードが格段に速くなるはずです。

これと同じように、一度読んで内容も理解できている本を、「漢字だけリーディング」と「つまり読み」を駆使しながら再確認する意味で読むのが2回目となります。

これにより、ダブルの効果で読むスピードは驚くほど速くなります。

エピソード記憶を活用！「青ペンなぐり書きリーディング」とは

2回目は、すべてのページを読む必要はありません。

ドッグイヤーしたページの前後と、1回目で理解が追いつかなかった部分だけでOKです。

私の場合は2回目で読むのは全体の70％くらいです。残りは一度読んだ段階で、もう二度と読む必要はないとあっさりと捨ててしまいます。

つまり、良い本の必要なエッセンスだけを脳に記憶させるために、必要なページだけを2回続けて読むのです。

このとき、**私が推奨する読み方が「青ペンなぐり書きリーディング」です**。

青ペンなぐり書きリーディングとは、聞き慣れない言葉かもしれません。それもそのはずで、これは完全に私のオリジナル造語です。

しかし、**脳科学的なエビデンスに裏づけされた、記憶に残りやすい読書法です**。具体的に紹介していきましょう。

よく本を新品同様にきれいに読む人がいます。

もちろん、性格の問題もあるでしょう。私の会社でも、本には線も引きたくない、という社員は確かにいます。また、シニアの方は本を大事にする傾向が強いようです。

本を転売目的できれいにするならわかります。

しかし、**きれいに本を読む人には欠点があります。それは、内容が記憶に残りづらいということです**。

記憶に残っていない本は、ほとんどあなたの人生に役に立ちません。むしろ、時間を投資したのに回収できないということは、マイナスでしかありません。

これを、私は「本の内容があなたの脳にインストールされていない状態」と表現します。

とくにきれいに本を読む人に顕著です。それははたしてなぜでしょうか。

きれいに読むということは、読書をしている際に、なんら行動のアクションを本に加えていないということです。

しかし、脳というのは基本的に、喜怒哀楽の感情があったほうが記憶に残りやすいという特徴があります。

つまり、「へー」とか「なるほど」と感情を表に出して読書をするほうが、本の内容が脳に移植されやすいのです。

これを脳科学では「エピソード記憶」と呼びます。

そして、ここにこそ青ペンでなぐり書きをする秘密があるのです。

ありのままの感情を本にぶつけてエピソードにする

では、なぜ青ペンでなぐるように書くのか。これは気づいたことを感情をこめて文字として書き残すと、エピソード記憶として知識が脳に移植されやすくなるためです。

人の過去の記憶というのは、実際には完全には消去されておらず、脳の中で格納されていることがわかっています。

脳だけで生命維持全体の25パーセントのエネルギーを消費すると言われています。その脳が、すべての記憶を留めていたら、非常に燃費が悪いのです。

そのため、過去の記憶は脳の奥深くに収納され、必要がない限りは、なかなか表に出ることはありません。しかし、例えば、キャンプ場を訪れたとき、子どものときにキャンプで食べたカレーの味や作り方が、鮮明によみがえってくることがありますよね。

これは普段、脳が生活に不要な記憶として脳の奥深くに収容してしまっていたからです。

これがキャンプ場を訪れるというトリガーがヒントになり、エピソードとして過去の記憶とともに引き出されたわけです。

例えば、楽しそうなスキューバダイビングのポスターを見て、ウミウシやフジツボなどの名前を思い出すのと同じです。それぞれの記憶は、そのときの喜怒哀楽などの感情をトリガーにして、あなたの脳の中のエピソードとして全部つながっているのです。

記憶の達人と呼ばれる人たちは、ただ単に脳のスペックが高いわけではありません。脳科学的にいえば記憶のトリガーを作る名人であり、エピソード記憶を自在に操って暗記しているだけなのです。これが、脳科学的にも認められた最先端の記憶術です。

この仕組みを読書にも利用したのが、「青ペンなぐり書きリーディング」です。

本に文字を書くことは、それ自体がトリガーになりますので、ものすごい記憶に残りやすい。さらに感情を乗せて書けば、エピソード記憶につながります。

ただ読むだけでは、本の内容は9割記憶に残りません。こうやって工夫して、脳に記憶を残していくことが大事なのです。

なぜ〝青ペン〟がベストなのか

また、青ペンを利用するのにも意味があります。

色にはそれぞれ脳に与える刺激などの印象因子が違います。

例えば、白色は信頼感を与えます。赤い色は情熱やパッションを呼び起こします。

私もよく利用する餃子の王将は看板をオレンジに変えただけで、売上が数倍になったといいます。これは、暖色系には食欲を高める効果があるからです。

いっぽうで、青色が脳に与える影響は何でしょうか。

青色はおもに思考力や分析力を与えてくれます。脳に記憶を定着させるのにも一定の効果があるといわれています。

さらに、本の書籍の文字はたいてい黒色です。そのため黒ペンを使うと、うまく書き込みが読み取れないということが起こります。かといって、赤色だと目立ちすぎて、高速読書をするのに目ざわりです。
それを避けるためにも、私はなぐり書きリーディングでは青ペンを使用すると決めています。

汚くてもいい！ 印象深いメモで記憶に残す

青ペンでなぐり書きするさいには、なるべく文字に感情を込めて書くことがとても大切です。

というのも、1回目の高速読書のときには「なるほど、企画書に使える」「明日、部下に話そう」と思って読んでいても、忘れてしまうことがあるからです。

人間はとにかく忘れる生き物です。1回目に読んで印象深かった内容を、2回目に読むときに、青ペンでなぐり書きすることで、記憶として脳に焼き付けるのです。

ですから、青ペンでただ線を引くだけでなく、その脇に、「これを部下の田中さんに言う！」

「この心理学を商談で活用して、営業で全員ポジティブに！売上10倍！」など書いたほうが印象に強く残ります。


いかがでしょうか。

ちょっと書き方を工夫するだけで、こうも違うものなのです。ああ、こういう気持ちで書いたんだ、とすぐに伝わってきませんか。

あとで読み返したときに、それが記憶に留めたい重要エッセンスの近くにあれば、線や書き込みをした理由が一目でわかりますよね。

そうすることでなにより、エピソード記憶として脳に定着しやすくなります。

このように高速読書では青ペンでの書き込みが必須です。そのため図書館で借りた本では実施が難しくなります。

本は人生のパートナーです。だから買って、ぞんぶんに青ペンで書き込みましょう。

4

【高速読書3回目】人生を変えるアウトプットリーディング

青ペン箇所を中心にアウトプット法を考えながら読む

3回目を読む場合はどうするのでしょうか。

3回目の所要時間は約5分です。

私の場合であれば、さらに読む箇所は全体の10％程度になります。

書籍全体からいうと、1割程度を読み取るようなイメージです。

加えて、私はすべての本を3回読みしているわけではありません。

本の内容が薄かったり、ある程度記憶に定着してしまった本は、2回読みでストップしてしまいます。そのため、10冊読んでも、このステージまで進んでくるのは3冊程度になります。

ここまでくると、誰もがその本の内容が自分にとって人生にとても役立つとか、仕事ですぐに使えるとか、あるいは部下に教えたり話したい内容と思っているはずです。

これが、速読というステップを超えて、自分の目的や願望に適した本になります。こうした本は、あなたの人生を変えてくれる可能性があるので、3回目の高速読書をおこないます。

逆にいえば、速読とはそうした本に出合うための、ふるい分けの手段でしかありません。

3章で詳しく紹介しますが、「アウトプットノート」という名の読書ノートをつける価値があるのも、このステージの本となります。

アウトプットノートとは、簡単にいうと、本で得た知識を、自分の具体的行動につなげていくために書くものです。

アウトプットノートを書くことを前提に、「本で得た知識を、どう自分の行動につなげ

るか?」を考え、その内容を青ペンで本に書き加えていくのが、3回目のアウトプットリーディングです。難しいことはありません。P138で紹介したように、「これを○○さんに伝えよう」とか「来週のプレゼンでこの方法を使おう」など、具体的に書き込んでいきます。

そんなに時間をかける必要はありません。5分で、アウトプットノートにとりまとめる箇所を読めば大丈夫です。

すでに2回も読んでいるし、「漢字だけリーディング」「つまり読み」もマスターしているはずです。さらに1回目で実行したドッグイヤーも役立ちます。しかも青ペンなぐり書きリーディングで、どこが重要かが一目で想起しやすいようにしてあるはずです。

そのため、そこだけ抜き出すようにして読んでも、一目でこれらがトリガーとなり、エピソード記憶としてそのときの感情が甦ってきます。これも、記憶を定着させるのに一役買います。ページにしても、10~20枚前後でしょうか。

そのため、速い人なら1分もかからずに終えてしまうかもしれません。

5 教養書や参考書を記憶するために高速読書のパターン②も役立つ

集中して読むのが苦手な人向けのやり方

さて、高速読書には、ちょっとした「変形パターン」（巻頭の「パターン②」）もあります。

ここまでは1冊を3回、間隔をあけて集中して読む方法を紹介してきましたが、集中力が15分ももたない方もいるでしょうし、高速読書のスピードでは理解が追いつかない難しめの本もあります。

例えば、編年体で書かれた歴史の本や学習参考書は、変形パターン向きかもしれません。

また、パターン②は、受験生や資格試験を受けようという人にもおすすめです。

では、パターン②のやり方を紹介しましょう。

キモは以下の2点です。
・1章を読み終えたら、もう一度1章を読む
・章ごとに2回ずつ読み、3回目は通して読む
要するに、読み進めるプロセスが少し違うだけで、1冊を30分かけて3回読むのは同じです。

集中して読むのが苦手な方や難しめの本は、こう読むことで、脳にしっかり記憶を定着させることができるのです。

もちろん、これまで紹介してきたやり方（巻頭のパターン①）でおこなうドッグイヤーや青ペンなぐり書きは、パターン②でも同様におこないます。

具体的にはこんな感じになります。

例えば、5章立ての本の場合、読書時間は30分として、以下のような配分となります。

・第1章 1回目の読み（3分）→2回目の読み（2分）
・←第2章 1回目の読み（3分）→2回目の読み（2分）
・←第3章 1回目の読み（3分）→2回目の読み（2分）
・←第4章 1回目の読み（3分）→2回目の読み（2分）
・←第5章 1回目の読み（3分）→2回目の読み（2分）
・←3回目は通しで読む（5分）

章を読むごとに時間を開けることになりますので、５章立ての本ならば計６回の読書時間で１冊を読み切ることになります。

あるいは１、２章を計10分、３、４章を計10分、５章と通しを計10分と分割してもいいでしょう。

あなたが実践しやすい方法を見つけていただければと思います。

今日は集中力が少し欠けているかもと感じるような日には、こちらのパターン②を使ってみてください。

第3章

読書を成果に変える！
アウトプットノートの書き方

1 読書から行動アクションへ！アウトプットノートを書こう

アウトプットノートで読書と人生を結びつける

ここからはアウトプットノートを書く意味、具体的な書き方などをお話ししていきます。

「アウトプットノートって、結局は読書ノートみたいなものでは」と思っている方もいるかもしれませんね。

アウトプットノートは、読書ノートとはまったく違います。書き方も目的もまったく違います。

読書ノートは、本を読んだ感想をダラダラと書き綴るものです。「読書日記」と呼んでもいいかもしれません。

いっぽうの**アウトプットノートは、高速読書で得た知識を自らの血肉にするためのものです**。読んだ本の感想を書き綴るわけではありません。そうではなく、**読んだ本を行動に結びつける際の指針やヒントになりそうなことをシンプルに書いていくものです**。

アウトプットノートを書くと聞くと、みなさんはどう感じるでしょうか。

「続けるのが大変そうだな」

「書いていたけど結局、効果はなかったよ」と思うかもしれません。

もし、あなたの高速読書の目的が、ただ速く本を読むことにフォーカスを当てているのであれば、あるいはこの章を飛ばしてもいいかもしれません。

あるいは、アウトプットノートを書かなくても、行動や仕事での成果につなげられる人もいるでしょう。そうした人は、無理に書く必要はありません。

しかし（←逆接の接続詞ですね。このあとに重要な論点が隠されています）、**実際に本の内容を脳に定着させて、具体的に行動プランに落とし込み、普段の生活やビジネスシーンであなたが活用しようと思ったら、やはりどこかでアウトプットの「仕組み」を持つ必要があります**。

もちろん、ここまでの高速読書のメソッドで、あなたの脳は最大に活性化していることでしょう。これまでのどんな読書法よりも脳に記憶が定着しやすくなっています。

いうまでもなく、高速読書のゴールは、あなたの人生の目的や願望が、この読書を通じて達成されること。

その際、大切なのは、目的から逆算してインプットとアウトプットをすることです。

本からのインプットを目的にしてしまっては、まさしく本末転倒です。

アウトプットノートに時間をかけてはいけない

まず、大前提としてアウトプットノートに時間をかけるのは良くありません。

この方法は、私が長年かけて試行錯誤して得たものです。先に結論的なことをいっておきますが、アウトプットノートに時間をかけると続かない、と覚えておいてください。

あなたにとって大切な気づきがある箇所や、青ペンなぐり書きリーディングで見つけた要点を、私はその本のエッセンスと呼びます。

そのエッセンスをまとめて、5つか6つ、あるいは多くて10個程度にして、箇条書きで書き出すというのが一番良い方法だと思います。

ですから（↑順接の接続詞ですね）、私の高速読書のアウトプットノートは非常にシンプルなのです。所要時間は10分程度しかかかりません。

また、記憶への定着力も数段高まります。そのあとの具体的な行動プランやアクションにもつながります。ここまでお読みいただき、私に少しでも興味を持っていただいた方ならおわかりでしょう。

私は無駄なものを好みません。ムリ・ムラ・ムダを一切省いた最強のアウトプットノート術を紹介します。

本のエッセンスをＹａｈｏｏ！ニュースのタイトル程度の箇条書きで

本当に役に立つアウトプットノートはどうあるべきなのでしょうか。

本を成果に結びつけるポイントは、要は行動プランとあなたのアクションです。

であれば、あなたの行動プランやアクションにつながることを書き出していけばいいわけです。

例えばあなたの目的が、インスタグラムの評価を上げたいことだとします。

そんな目的を持ってインスタグラム・マーケティングの本を読んだら、インスタグラムではこういうふうに写真をあげるといいとか、こういうふうにお客さんのクチコミを発生させるのか、ということが、エッセンスとしてわかってくるでしょう。

まず、この本のエッセンスを箇条書きで13文字から20文字でアウトプットノートに書い

ていきます。

これらすべてのエッセンスは、あなたの成果につながる内容です。あとは、それをどうやってビジネスや生活に転換するかを考えるだけです。

つまり、行動プランもアウトプットノートに一緒に書いてしまうわけです。

20文字程度のシンプルな箇条書きならば、誰でもできます、時間もかかりません。頭の中も整理されやすくなります。記憶にも残りやすいのですぐに使えます。

有名なのでご存じの方も多いかもしれませんが、Ｙａｈｏｏ！ニュースのタイトルは13文字でまとめられています。これは、人が一目で理解して人に話せる文字数を研究した結果、13文字だと推測したからだと言われています。なにより、**文字数が少ないと、記憶に定着します**。脳に残るから、クチコミとして広まりやすくなります。

13文字から20文字の内容は、話し言葉にして3秒です。

プレゼン上手な人や、会話が途切れないコミュニケーションの達人は3秒で話せる話題をたくさん持っています。当然、雑談力を上げたり、会話するテクニックの応用にも使えます。

一番良くないアウトプットノートの実例

これは、本当によくある話なのですが、一番良くないのは、アウトプットノートを作文形式で書いてしまうことです。

私の知人でAさんという方がいます。彼もまた、アウトプットを習慣とするためにアウトプットノートをつけ始めていました。しかし、ぜんぜん記憶に残らないと相談を受けたので、そのノートを見せてもらうことにしたのです。

そして、一目見て、私は愕然としました。

Aさんの性格は几帳面です。アウトプットノートもその性格を反映して、びっしりと文字が書かれていました。

しかし、私がもっとも良くないと思ったのは、そこではありません。

本の内容が、まるで読書感想文のように長文で書かれていたことでした。

長文でまとめてしまう人は、自分の頭で思考が整理されていきません。余計な情報が多いので記憶にも残りづらいです。


冷たい言い方に聞こえるかもしれませんが、結局、使えない本の知識はムダで意味がありません。たくさんの本を読んでも、目的や願望を持って読書をするからには、1ミリでも近づくことを目指すべきです。

しかし、ほとんど人生が変わってないという人は、結局は時間の浪費と同じなのです。であれば、どうやって読書と人生を結びつけていくかを真剣に考えなければならないわけです。


あなたの人生は有限です。実りある人生を始めなければ、時間はなくなるばかりです。

今の時代、知識量だけでは勝負できない

なぜ私が知人のAさんのアウトプットノートに厳しいともいえる見方を示したかというと、知識だけはもう勝負できない時代が、すぐそこまできているからです。

この考え方は重要です。少し別の角度で見てみましょう。

たくさん本を読んで知識が増える。たしかに、それはとても大切なことです。

しかし、いまの世の中、とくに20代の若者たち、タッチパネルを押すだけで目だけでなく耳からも情報がいくらでも手に入る時代です。たくさんの情報に触れて、たくさんの情報を知っていること自体、もう武器にはなりにくいのです。

知っている情報を、どう行動に変えていくか、自分を変えていくか、環境を変えていくか。この3つに高速読書をリンクさせることがとても大切になります。

そういった意味では、アウトプットノートも作業をするだけではもったいなく、武器にするために使います。感想をダラダラ書くのは時間と労力のムダです。間違いなく記憶に

残って忘れないものにしましょう。

しかも、このアウトプットノートならば、ノートを取ることに消費される時間は、従来のノート術よりも圧倒的に短くなります。

私はアウトプットノートに方眼ノートを使っています。

方眼ノートならば、アウトプットノートに記載する「読書の目的や課題」「書名などのメモ」「本のエッセンス」「今後の行動プラン」といった区分けをきれいに整理できます。

また、フリーハンドでも図やグラフを書きやすいので使い勝手がいいです。方眼ノート、おすすめします。

2

アウトプットノートを書く4つのポイント

具体的な実践方法を伝授！

それでは、いよいよ具体的な実践方法を紹介しましょう。
アウトプットノートを書くポイントはおもに4つあります。

（1）読書の目的を書く
（2）書名やメモを書く
（3）本のエッセンスを20文字以内で箇条書きに
（4）行動プランや具体的なアクションを箇条書きに

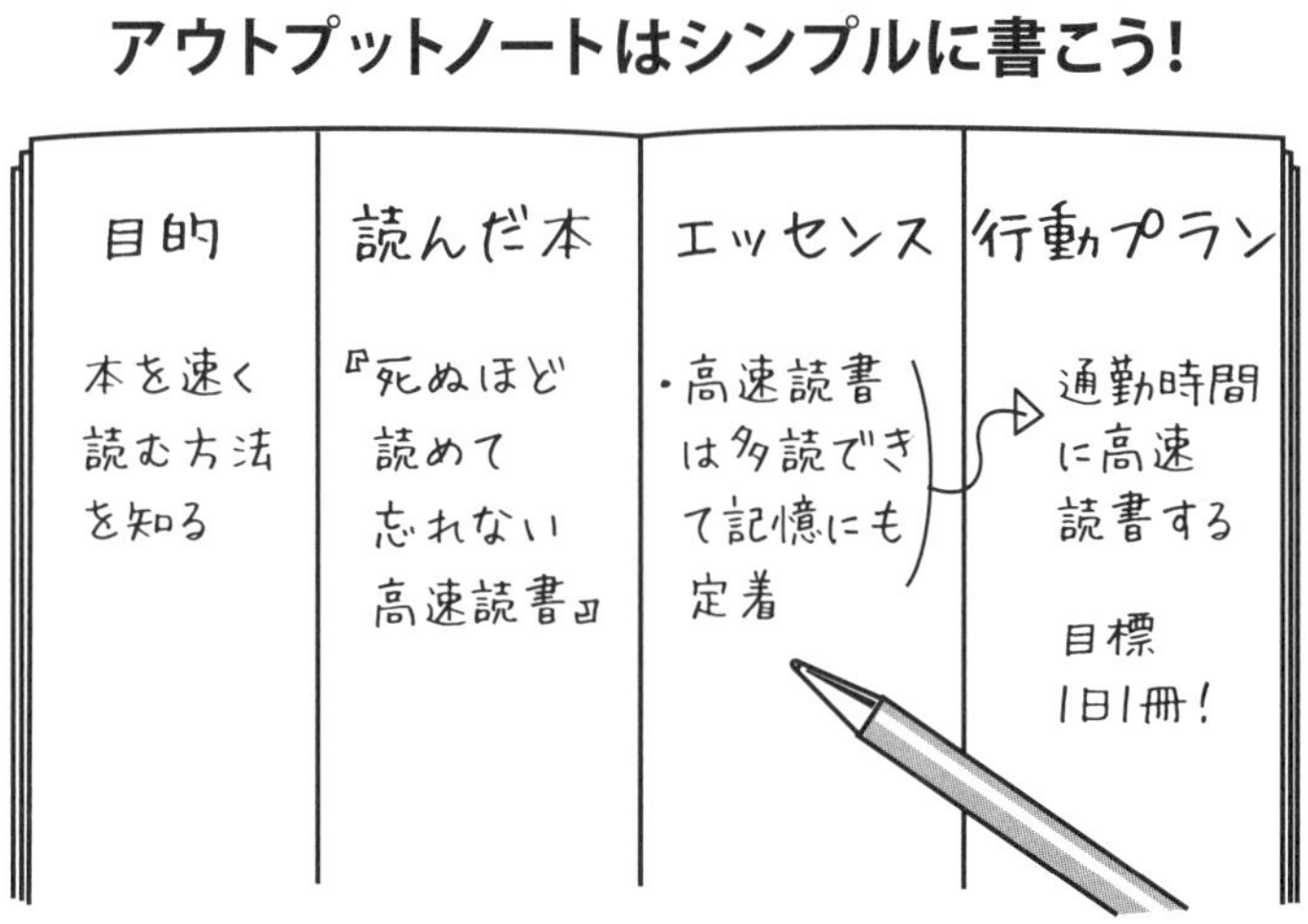

アウトプットノートはシンプルに書こう!

ひとつずつ確認していきましょう。

（1）読書の目的を書く

読書前には必ず読書の目的を言語化します。この簡単な手続きだけで、より速く読むことができるようになります。

例えば、「人間関係を改善したい」「株で儲けたい」「武将の戦略の研究」といった具合です。

（2）書名とメモを書く

書名はいうまでもなく、日付や読書タイムなど自由に記載してください。読書タイムを書いておくと、達成感も得られ、習慣化しやすくなります。

（3）本のエッセンスを20文字以内で箇条書きに

本のポイントを20文字以内で箇条書きにします。ポイントが複数ある場合も、1センテンスはこの文字量に収めます。

例えば、

・「常識」は時代によって変わる
・過度な愛情はお節介になる
・正義が勝つとは限らない

といった具合です。

（4）行動プランや具体的なアクションを箇条書きに

エッセンスから、具体的にどんな行動アクションにつなげられるかを書きます。

例えば、上記のエッセンスに対して、

・「常識」は時代によって変わる➡「非常識」をポイントに新企画を考える

・過度な愛情はお節介になる↓Yさんとは少し距離をおいておこう
・正義が勝つとは限らない↓自分の正義を部下に押しつけない
といった具合です。

アウトプットノートを行動に転換する

アウトプットノートを書く作業の中でも、最も重要なのは「行動プラン」です。

これが実現することで、読書というインプットが、行動というアウトプットになるのです。


巻頭14ページのアウトプットノートをご覧ください。

「行動プラン」がノートの右側に書かれているのがわかると思います。


なぜ、右側に書くのか。

横書きのノートでは右側が一番目立つからです。また、横に広いノートを見たとき、人間は一般的にまず右側を見る習性があります。だからこそ、アウトプットノートの中で最も重要といっていい「行動プラン」を右側に置くのです。

説明がやや長くなりますが、聞いてください。

本に書かれたばかりのエッセンスは、まだあなたにとっては抽象的な内容です。つまり、具体的に自分事になっていません。他人仕様の高級なスーツを、自分仕様にオーダメードで作り替えるイメージに似ています。

とても大切なパートなので、もう少し具体的に説明しましょう。

例えば、楽天の三木谷社長の本を読んで、あなたが今の仕事やチームの育成にその仕事術を役に立てるためには、どうしたらいいでしょうか。

それは**エッセンスを抽出したあと、自分の仕事や成果にどう役立てるかを、その行動プランを右側に箇条書きで書くのが一番いいのです**。

あるいは、あなたが雑談力を身につけたいと考えているとします。本を読めば雑談のテクニックはたくさん載っています。それらをアウトプットノートにまとめて、実際にどう行動していくかを右側にまとめていく。

「行動プラン」が右側という目立つ位置に置かれることで、あなたはそれをしょっちゅう目にすることになります。見るたびに脳に上書きされるので忘れることはありません。

その記憶が常にあるからこそ、抽象的だったあなたの「行動プラン」は、やがて本物の行動になっていくのです。

そのとき、**アウトプットノートはあなたが取るべき行動プランの大全集になります。満載された極上のヒントは全部箇条書きだから一目瞭然、たちまちのうちに目に飛び込み、あなたの行動の指針となるのです。**

「行動プラン」を実際の行動にどう結びつけるか

「行動プラン」に優先順位をつけたり、進捗状況をはっきりさせることで、さらに実際の行動に結びつきやすくなります。

そのためには何をしたらいいのでしょうか。

まず、行動プランを組み立てたら、今その課題の達成度は何点なのか。あるいは、緊急度を点数にしてノートに書き出していきます。

できれば、10点満点中のスコアをつけていくと非常に有益です。スコアをつけることで、より客観的に現時点にフォーカスできます。

「これは1点、まだまだ自分はできてないな」
「これは9点か。著者と同じく、ほとんどできているってことだな」

と自分なりの行動の優先度を客観的につけることができます。

現時点よりも1点でも多くしようとする行動のなかで、自分のなかでプライオリティも最適化されます。

そうすると、早くその影響力を手に入れたい、自分のスキルのアップにつなげたい、となります。このように、足りないものを優先的に身につけて、武器にしていくことがとても大事になります。

こんな人はノートをつける必要がないかも

高速読書なら、初心者でも30分で3回読むことができます。

1冊に2時間近くかかっていた人であれば、1時間半も自由な時間が余ることになります。5時間かかっていた人ならば、4時間半です。

その新しく生まれた時間で何をやるか。これが非常に大切です。その時間を、ただボーッとカフェで景色を見ながら過ごしていても、人生はほとんど変わりません。

そこで、ノートを開いて自分で行動プランを立て、実際に手と足を動かして行動してみたり、コミュニケーションや趣味に活かしていく。高速読書とはつまり、この行動とアクションがセットなったメソッドなわけです。

それを、本を読んだだけですぐにできてしまう人もいます。日頃から「インプット＝行動」の習慣ができている人です。

なぜ、できてしまうのか。こうした人は日頃から明確な目標を持っています。どのようなインプットでも、それを自分の課題や問題解決のための行動につなげていくからです。

しかし、そうした方はごく稀です。私もはじめはできませんでした。成人式にも行かずニート寸前だった20代の頃の私も含めて、そうした思考をいきなりは手にできません。だから、その仕組みとしてのアウトプットノートとなります。

逆にいえば、すでにそうした思考や習慣が身についているのであれば、アウトプットノートはつける必要はないのかもしれません。

「いいね！」で人生は変わらない

本当にできる人のノウハウがわずか数千円で、いまあなたが取るべき内容に変わっていく。抽象的な内容が、より具体的な行動プランとして。しかも自分の頭と手とペンで行動プランに落とし込んでいくので、本の記憶がますます脳に定着していくわけです。

よく巷《ちまた》にある速読の本を読むと、SNSで発信しましょうとか、ブログで読書の感想をシェアしましょう、と紹介されています。

しかし、はたしてそれであなたの仕事や人生が変わるでしょうか。

もちろん、それが悪いと言っているわけではありません。現に私はFacebookとブログの両方に、毎日のように読書のエッセンスを記事としてアップしています。

しかし、それは私が経営者でもあるためです。社員も読むので教育になりますし、自社の宣伝にもつながります。また、私自身が著者なので、読者に良質な情報を伝え続けたいという思いもあります。無償でおこなっているようで、リターンも計算に入れているのです。

これがもし、なんのメリットもなければはたして継続していけるかどうか。正直、かなり不安です。なぜなら継続していても、手に入る果実が圧倒的に少ないからです。

「いいね！」や「コメント」だけで人生が好転するほど、世の中、甘くはありません。

良質な本に出合ったらインプットに時間をかけていい

アウトプットノートは見た目はシンプル、書くのにも時間はかかりません。

ところが、やはり「例外のないルールはない」とでもいったらいいのか、アウトプットノートを書くのに、時間も手間もかかる本があります。

それはおもに次の２つのパターンです。参考にしてみてください。

●ケース１　得るものが多い良質な本

どんなにページ数が少なくても、内容が濃く書き出したいエッセンスが多い本は、やはり時間がかかります。

これを短時間にして、エッセンスを抜き出すのを省けば、このあとの成果や成長が間違いなく損なわれます。そう判断したときは、いつもの２倍ほどの時間をかける場合があります。

こうした本は、私であれば20冊読んで１冊です。年間で数十冊程度は時間をかけて行動プランに落とし込んでいます。

●ケース2　目的や願望に直結する本

いまのあなたの目的や願望であったり、あるいは目の前の課題に直結する本は、気づきやエッセンスが多くて当たり前です。

こうした本とは、むしろじっくり向き合ったほうがあなたにとってプラスとなるでしょう。なんでも速読で一気に読み飛ばすというのは、人生にとってかならずしも実りが多いわけではありません。むしろ砂だらけの荒野を、みずから選択して走っているようなものです。

こんなケースがあることも知っておいてください。

3

アウトプットノートは人生のバイブルになる

最終目的は先人の「思考回路を手に入れること」

アウトプットノートで誰でも脳力が高まるちょっとした考え方もご紹介しておきましょう。

結局、あなたが脳そのものを最大限に活用して、**高速読書をおこなう理由の1つは、目標とする人や尊敬する人、憧れる人の思考回路そのものを手に入れるため**、という考え方が大切です。

アウトプットノートを書くのは、そうした思考回路、もしくは考え方のカタを手に入れるためだと捉えると、非常にわかりやすいと思います。

努力しても苦労してもスキルがなかなか上がらなかったり、成果に結びつかず、悩んでいる人って、けっこういると思うんですね。

これは、脳科学的に考えると、正しい思考回路を手に入れていないからなんです。

行動するよりも先に思考回路を手に入れてしまえば、簡単にスキルはアップします。

ものまねの達人は、なぜあれほどまでに本人に近づけるのか

あえてたとえ話をしますが、ものまねもそうです。

明石家さんまさんやタモリさんのものまねって、どうしてあんなにいつも、突然の質問の受け答えも、本人そっくりに真似ることができるのか。不思議に感じたことはありませんか。

ただ、これって脳の仕組みを考えれば、答えはすぐに導き出せます。

プロ並みのものまねは、ただクセや仕草をコピーするだけでは不可能なんです。

ここで大切になるのが、**本人の脳を手に入れるという考え方。相手の思考回路をそのまま手に入れれば、徐々にその人の考え方が身につく**。

これは、なにか新しい伝統技術を手に入れようと思ったお弟子さんが、まずは師匠の考え方から順序だてて手に入れることによって、その人になりきってみるというのが一番早いのと似ています。だから、伝統芸能では師弟《してい》は同じ屋根の下で暮らすのが一番いいといわれているのです。

このように、思考回路のカタを手に入れることがアウトプットノートの最終的な目的なんだと、理解してもらうのが一番よいと思います。

高速読書で思考回路を脳にコピーする

本というのは、基本的には一流の経営者とか、その道の達人とか、あるいはあなたが知りたい趣味の世界で経験と失敗を繰り返してきた人が書いています。

そういう人たちの本を読んで、それをアウトプットノートに落とし込んで自分の行動プランに取り入れていければ、自然とその人の正しい思考回路を真似していくことになります。

そういうことができれば、マネジメントや投資というのは、本の見よう見まねでも、本当に驚くほど簡単にスキルアップしていきます。

尊敬するホリエモン（堀江貴文さん）だったらこう考えるだろう。

楽天の三木谷さんだったら、こういうふうに行動するだろう。

そういう思考が高速読書を通じてできるんですね。その人の思考回路がコピーされて、自分の脳にインストールされている瞬間ともいえます。

もちろんこれはビジネスの世界だけの話ではありません。例えば、人づきあいで緊張してしまうのが悩みの方が、同じ悩みを克服した著者の思考回路を真似れば、それだけで問題解決の糸口をつかめることになるでしょう。

思考回路をコピーするという視点でメモを取れば、高速読書はあらゆる日常や、あらゆる仕事や、自分のアイデアの発想の転換に使えます。

これが、人生を変える読書術なのだと私は思います。

最終的にはアウトプットノートで夢を叶える。生き方を変える。あなたの人生を変える。こういうふうに信じていただくと、ただの読書との差が明確になってくるのではないでしょうか。

けれど、なにも難しいことはありません。きちんとあなたのアクションに転換することで、あなたの人生は変わっていくのです。

そのために、読書の目的を明確に書き出して、本のエッセンスを自分のために箇条書きで書いて、それを自分の脳とアクションで成果に転換していく。

転換するたびに成長すると思えば、面白くなって、どんどん継続します。

高速読書なら「失敗」を失敗だと思わなくなる

当然、やっていくなかでは、いろいろな失敗があると思います。そうしたら、そこから学んで、改善をしていきます。

でも、失敗したときに大きな壁にぶつかってしまったり、どうやったらいいんだろうと路頭に迷うこともあります。

そうしたときでも、高速読書ならまた違う本が教えてくれると思えるようになります。その本が教えてくれた内容を箇条書きにしていけば、脳がまたあなたを助けてくれる、そう思えるようになります。

そのために高速読書をすると考えれば、読む本のバリエーションを増やしたり、そもそもなぜ多読をするのかの意味も見えてきますね。

それは、速読による自己満足とは別世界の考え方です。

高速読書はどんな目的も叶えてくれるノート術でもある

例えば、株式投資でうまく勝てないのであれば、「あの本では、四季報で有望株を探すには、去年の業績と比較すればいいと書いてあったな」と思い出すわけです。その行動プランを思い出して、その本の内容を実行する。それでまた壁にぶつかったら、違う本を思い出したり、新しいエッセンスをアウトプットノートに加えていけばいいわけです。

たまにはアウトプットノートを振り返るのもいいと思います。

私は、セミナーに参加した学生や社会人の方には、厳しい言い方をすることがよくあります。せっかく参加してくれたわけですから、私との出会いや気づきを行動に変えて、人生を変えてほしいからです。

それを、あえてこの本で再現します。**いいですか、アウトプットノートをただ取るだけの人間はバカのままです。アウトプットノートを取るだけなら、小学生でもできます。アウトプットノートを書いた上で、実際に行動し、振り返る人間が頭のいい人です。**

さらに高い自分を目指すために、自分のアクションを増やして、読書への問いもどんどん増やしていく。

「このアクションうまくいかないな」「この問題は、この本だとどうやるのかな」と。

この問いの数が、そのあとの圧倒的な成長のパフォーマンスに変わってきます。

第1章でご紹介したとおりです。人の脳は、問いを持つとその答えを勝手に見つけてしまう。その特徴を最大限に利用していくといいのではないかなと思います。

4

あなたの背後には、本という名の味方がたくさんいる

なぜ、メモを書くのか

ここまで、アウトプットノートの有効性を述べてきました。

しかし、そもそもメモを書くことの、脳に及ぼす具体的なメリット・デメリットはまだ述べていませんでした。

この章の締めくくりとして、そのあたりについても、より理解を深めるためにお話ししておきたいと思います。

メモを取るというのは、あんがい手間がかかり面倒です。

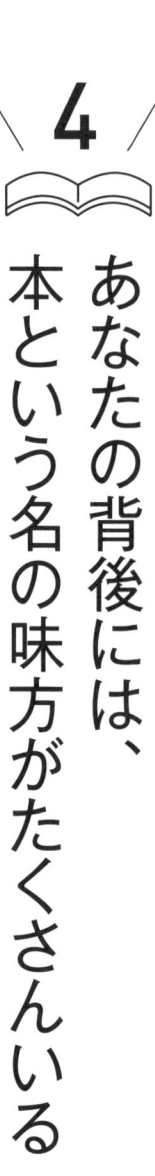

また、日頃からマルチタスクに慣れている方であれば、わざわざメモがなくても、仕事のパフォーマンスが落ちたりしなくなります。それだけ脳が鍛えられているからです。

いっぽうで、メモというのは機会損失を減らすツールでもあります。

人というのは、どんどん記憶を失っていく。これはもう、今の科学ではどうしても止められません。だからこそ、メモやノートをとることによって機会損失を減らせます。

これが習慣化できていれば、忘れてしまうからと不安になることもなくなります。

世の中、絶対的な法則があって、結局アウトプットした人間しか力を持てないんです。インプットだけを追求した人が出世しているということはないんですね。

もちろん、研究者や大学教授は違う、と思うかもしれません。が、やっぱり最終的には論文などのアウトプットが評価の対象となっています。

インプットはあくまでもアウトプットのための手段なのです。

なので、そのプロセスまでが読書だと思ってください。

インプットをしたらメモを取り試してみる、ということがすごく大切で、記憶にも残りやすくまた定着しやすくなります。

加えて記録を取ることで、振り返ることができます。

そこに、ヒントがいろいろ書かれていますし、自分の人生のプロセスなので、楽しかったこと、驚いたこと、良かったこと悪かったことなど、どんなときにどのような本を読んだか、出来事のように振り返れます。これが、非常に『自信』になるんです。

脳科学的には、自信とは目に見えない非認知の領域となります。

だからこそ、行き詰ったらアウトプットノートを振り返る。これまでやってきた実績の記録として、ああ、これだけの本が自分の背後で、目には見えないかもしれませんが、味方してくれているのかと感じるわけです。

アウトプットノートを人生のパートナーに

人間が頭の中で考えられることには限界があります。

目に見えないイメージを具体的に書くことで、やるべきことがシンプルになり、解決策が明確になるわけです。

このように、シンプルに考える力を、シンプルに動く力に変えていく、という工夫が大切です。

そうした意味だと、高速読書というのは非常に優れた、合法的なカンニングペーパーでもあって、仕事や成長でワープする方法だと思います。つまり、**あなたにとっての、夢の四次元ポケット、それが高速読書のアウトプットノートではないでしょうか。**

第4章

高速読書で脳力をあげれば、人生まで豊かに変わる！

1

1ジャンル7冊読めば、誰でもその道の有識者に

たった2週間の高速読書があなたを別次元につれていく

高速読書の全貌を知ったあなたは今、どのようにこのメソッドを活用していくか思案しているところかもしれません。

目的や課題を明確に持てるならば、あなたはどのジャンルの本でも高速読書によって、知識を自分の武器に変えていくことができます。

まったくの素人、まったくの門外漢であったとしても、高速読書を活用すればその道の「有識者」になれるのです。

こんな夢のある話はありませんよね。なんだか自分には無限の可能性があるような気が

してきませんか。事実、無限の可能性は何歳になってもあるのです。古今東西すべての叡智が詰まった本が、この世に存在しているのですから。

ではまったくの門外漢のジャンルを知ろうというとき、何冊の本を読めばその世界に精通しているといえるでしょうか。

世界的に有名なコンサルタントである元マッキンゼーの日本代表も務めた大前研一氏は、1年ごとに勉強する分野を変えているそうです。1年かけてその分野の本を読めば、簡単に1つのジャンルを極めることができると語っています。

しかし、世界を相手に戦う大前氏ならまだしも、私たちにはそこまでする時間も、余裕も、必要性もありません。

私は1つのテーマにつき、7冊の本を読めば、そのジャンルの「有識者」と言っても過言ではない知識を身につけられると考えています。

たとえば、あなたは部署移動して、初めて「マーケティング」について学ぼうとしているとします。マーケティングの基礎知識や、事業を成功させるコツ、先々のリスクについて知りたいと考えたとします。

そういった場合、そのジャンルの本を7冊買ってください。

私の経験では、**まず基礎中の基礎が学べる2冊が必要となります**。「イラストが多い本」や「知識ゼロから学ぶことを前提とした本」を選んでください。これら基礎的な本を2冊読めば、そのジャンルの全体像や使われる言葉の定義も理解することができます。

さらに応用力や判断力を高める中級レベルの本を3冊。

選ぶ本は、切り口の違った3冊を選ぶのがいいでしょう。「ノウハウ系」「成功体験系」「失敗談系」といったように、さまざまな角度から語られた本を選んだほうが幅広い知識を得られます。さらにこれらをアウトプットノートにまとめていけば、あなたの知識量や行動力は飛躍的に高まるはずです。

最後に、あなたのプロフェッショナル性を高める専門レベルの2冊を選びます。

もし、基礎と中級レベルの5冊でやめてしまったら、どうなるでしょうか。

おそらくそのジャンルを良く知っている人だな、という印象であなたの評価は終わってしまうでしょう（素人からここまでいけるのも大したものですが）。

あなたの強みを、周囲からも評価されるスキルとして認識してもらうためには、専門レベルの本がどうしても必要になるわけです。専門レベルの本とは、難解であることを指しません。あなたの職種や置かれている環境に、より近似《きんじ》した内容の本です。

マーケティングを例にすると、店舗なのかECショップなのか、あるいは法人同士を対象としたＢｔｏＢマーケティングなのか、あなたの状況と一致するものを選びます。

ここまで到達すれば、周囲には、必要な知識とプロフェッショナル性、つまりは専門性を持っている人だという印象を与えることができるでしょう。

基礎レベルを土台、中級レベルを支柱にして、あなた独自のヨーロピアンや和風などのオリジナルの家を建てるイメージで読み進めてください。

高速読書ならば7冊を1、2週間で読破していくことができます。

たった1、2週間で知識ゼロだったジャンルについて深い知識を得て、仕事や生活に活用していくことができるのです。

これを継続していけば、1年後の自分が、今よりもはるかに豊かで充実した日々をすごしていることは想像に難《かた》くないのではないでしょうか。

2 高速読書をするだけで、現代の必須スキルが自然と身につく

論理的思考力が伸びる

論理的思考力が手に入るというのは、高速読書によって物事を解釈する力が高まるからです。曖昧な解釈のままで、自分の頭の中が整理されていない状態では、いくらロジカル・シンキングを習っても、論理的な思考方法は身につきません。自分なりの主張や考えをいかに伝わりやすいように、自分の言葉を使って変換していくか。この繰り返しによって身についていきます。

高速読書のアウトプットノートというのは、まさにそうしたトレーニングに最適です。

結果として、あなたの論理的思考力は伸びます。

アウトプットを意識すると、自然と頭の中を整理するようになります。足りない経験や疑問とも向き合わなければならなくなるため、それを補おうと、新しい情報を「目的意識」をもって探しはじめる。そうした整理された思考でアウトプットを磨いていくから、インプットの精度も同時に上がっていくわけです。

逆にただ速く本を読んだだけでは、論理的な思考力はほとんど手に入らないと思っていただいて結構です。インプットだけでは、あなたの潜在意識まで落とし込まれた「考え方」や「行動」というのは、なかなか変わらないということです。

必ず手を動かす、あるいは相手にわかりやすく説明するなどのアクションをおこなう。この本でいうアウトプットノートをおこなうことによって、結果的に、論理的思考力というものは手に入ることになります。

アイデア力や発想力も伸びる

常にアウトプットを意識するから、アイデアや発想力も伸びます。

高速読書なら知識の引き出しも倍々で増えるので、それに対応するアイデアの発想力も倍化していきます。

アイデアというのは数少ない発想を組み合わせて、たくさんのアイデアを生み出していく、その繰り返しでしかありません。ほとんどは物事の連結であったり、結合であったり、あるいはそこからの派生でしかないためです。完全にオリジナルというのは、ほとんど世の中にはないのです。

なので、**たくさんの発想の種やストーリーを持っているということは、それだけあなたの発想力が無限に広がっていくということになるわけです。**

3

高速読書で、非認知能力も高まっていく

学校では教えてくれない大切な脳力も手に入る

高速読書を味方にすることで、自分で人生を切り拓き、どんなときでも自分らしく、強く生きてほしいと思っています。

読書で手に入るものは思考力、実行能力、クリティカルシンキングやコミュニケーション能力。あとはやっぱり知識全般もそうですよね。

それと、もうひとつ読書によって手に入る大切なものがあります。それは、非認知能力です。

非認知能力とは、「この人はどういうことを考えてるんだろう」とか、「どんなことが起こるのだろう」と言葉にない部分を知る力です。

予測する力とか、感じる力とも言われています。これを非認知能力といい、認知脳科学を活用した教育分野で今一番注目されているワードです。

ビジネスで成功している人、コミュニケーションがうまくいく人というのは、やはりこの非認知能力が高いわけです。

そして、高速読書で読書をすることによって、この非認知能力も高まります。

結局、**非認知能力を鍛えるというのは、どれだけの情報を脳で感じることができるかどうかだからです。**

仮説思考を高速読書で身につける

仮説思考などもわざわざ学ばなくても、高速読書で自然と手に入ると私は思っています。

自分で答えを探すために、自分で本を選んで、自分で発見して、自分で実行したものは、頭とハートに深く残ります。

記憶と経験の両方に焼きつくんですね。

そうした知識とか体験というものは、長くあなたの人生の味方になります。

だから、読書を通じて何を読むときでも、僕ならこうする、私ならこう考える、という質問を常に自分の心に留めておく。そうすると、日頃のシーンで、どう捉えて、どう課題を考え、どのように答えを見つけるか考える癖がつくんです。

そういったものが総合的にあなたの中で鍛えられたものが、仮説思考力です。そうした訓練も高速読書だから身につけることができます。

4 本をたくさん読んで行動すると、自信が深まっていく

「折れない心」も育てる高速読書

トロント大学やヨーク大学の研究では、完璧主義者は失敗に対して強い恐怖心を抱いてしまい、かえって決断力と行動力をどんどん低下させてしまう傾向があることがわかっています。

これを防ぐためには、**アウトプットノートを書いて行動プランを考えたら、１冊の本に対して１つのアクションをまずやってみる**。ちょっとでも、それこそ1ミリから2ミリでもいいから、前に進んでみる。

そして、さらにもう1冊本を読んだら、また1ミリでも2ミリでも行動を起こしてみる。これを10冊続けることによって最初はほんの数ミリかもしれませんが、徐々に大きな行動の変化に変わっていくんですね。

また、そうすることによって、いわゆる恐怖心、先ほどの研究結果のような失敗に対する恐れもどんどん失われていくと思います。

この考え方は、シンプルだけれど、脳科学的に見ても、やはりすごく大事なことです。

さらにペンシルベニア大学心理学部教授のセリグマン博士によって新たに提唱されたポジティブ心理学と呼ばれる、行動心理学の考え方でも似たような分類として「レジリエンス」というものを非常に重要視しています。

これは日本語に直訳すると『折れない心』という意味です。

人の心というのは折れてしまったら、回復までに時間かかりますよね。また、心が折れやすくなると、どんどん自分というものの自信を喪失してしまいます。そう、まるで二十代の頃の私のように。

日本人は自信がない学生が9割

いっぽう、できる営業リーダー、うまくいっている経営者、あるいは交友関係が多い話し上手な人というのは、やっぱり自分に自信があります。

そうした視点から、高速読書で本をたくさん読んで行動することによっても、自分への自信が深まります。

これもできる、あんなこともできる、こんなことも知っている、という自己肯定感が自信を高めることによって、折れない心、心理学でいうところの『レジリエンス』を手に入れていけるわけです。

つまり、高速読書を続けることが、あなたの弾力性や柔軟性につながるわけです。結果、レジリエンスによってポジティブな思考そのものも手にすることができると思います。

このポジティブな思考というのは、じつはとても大切です。日本の若者というのは、外国に比べて、自分に対する自信がものすごく低い。とても心も折れやすいのです。

アメリカや中国と比べると、ほとんどの日本人、データによれば10人に1人ぐらいしか自分に自信があると答えていません。

いっぽう、アメリカ人は自分に自信を持っている割合が高い。なんと7割もの学生が、自分に自信があると答えています。

このように、本を読むことによって、自分の自信が高まることは、国際的に見ても価値あることです。読書をどう行動につなげるかを考えるかによって、あなたの弾力性、回復力、適応力というものを手に入れてほしいなと心から願っています。

5 過去の自分と比較して成長を実感することができる

他者ではなく自分と向き合えるように

高速書術ではアウトプットノートを読み返すことによって、水平比較だけでなく垂直比較ができるようにもなります。

高速読書なら10冊、１００冊、あるいは１０００冊と読み進めていけます。

そうして、丹念に積み上げてきたアウトプットノートを振り返ることによって、「自分はこれだけの知識と行動を積み上げてきてんだ」という、自分との比較ができるようになるんです。

人はどうしても水平認識といって、隣人や同僚と比較してしまいますよね。これは、仕方がないことです。私自身も反省しなければいけない部分でもあります。

しかし、本当は読者の誰もが知っているわけです。最大のライバルは自分自身だと。自分がどれだけやってきたか。自分がどれだけ続けてきたか。自分がどれだけ楽しんできたか。それらを知るためにも、そして水平比較ではなく垂直比較をするためにも、アウトプットノートを振り返ることが大切です。

成功も失敗もアウトプットノートに書き込んでいい

例えば、わかりやすくあなたの仕事で考えてみましょう。

ビジネスで成果を出す読書をしたいならば、行動が伴わなければならないと何度も伝えましたよね。

すると、必ず壁にぶつかります。そのときあなたが壁を越えるための鍵になるのが、このアウトプットノートです。大きな壁をこわす、小さいけれど強力な武器になります。

もし失敗したら、私はアウトプットノートを黒で書いていたら、新しい経験や失敗を今度は青ペンや赤ペンで加えていきます。

このときフリクションボールペンを使えれば、文字を加えたり消したりが簡単にできます。

そうすると、失敗しても成功しても、すべての新しい体験をアウトプットノート一冊にまとめられる。

本からの情報のエッセンスだけでなく、体験も、行動の失敗からの気づきさえも加えられるので、それはもう、あなたの立派なバイブルです。読み返すたびに、新たな体験や価値が生まれてくるでしょう。

なので、私の場合は失敗しても、「いやだったな。残念だな」でなくて「グットトライ。よく頑張ったね」「またアウトプットノートに新しい１ページが増えたね」となる。

そうなってくると、前向きとかそうじゃないとかは関係ない。もうポジティブな思考しか脳に浮かび上がってこなくなってきます。

6

子どもの脳の発達にも高速読書は力になる

せっかく読書するなら効果の高い読み方を

子どもの教育にも高速読書は役立ちます。

子どもの脳が一番成長するとき、だいたい2歳から8歳だと言われています。

「ヤダヤダ期」や「どうして期」とも呼ばれています。

この時期の子どもは、どうして？　どうして？　ってすぐに連発しますよね。

いつも、どうしてだろうと考えている証拠です。自分で考え、自分で答えを見つけているプロセスの最中なんです。

そして、これこそが、子どもの脳力を伸ばす最大の秘密。

＊自分で計画を立てる。
＊自分で方法を見つける。
＊自分で行動させる。

こういったことを定期的にやらせていると、子どもの脳は確実に発達していきます。そして、そのお手伝いをするのが高速読書なのだと私は思います。極端にいえば、**子どもの人生を決定づけるのが高速読書なのです**。

何度もお伝えしているとおり、高速読書は速読法ではありません。ハードなトレーニングが必要な速読術を幼児レベルにやらせるのは負担が大きく、身体には良くないかもしれません。しかし、高速読書であればタイマーさえ使わなければ、時間という制約から外れて、ただ単に『脳の働きを最大限に高める読書術』に変わります。

この、**高速読書の習慣を得ることで、自分で決めて、自分で計画して、自分で行動して自分で結果を出す、というシンプルな一連の流れが、毎日身についていきます。**

さらに、自制心を鍛える、実行力を高める、非認知能力を高める、仮説力を磨く、といった子どもの将来において重要なこともすべて手に入ります。

自制心を高めれば将来成功しやすい

とくに幼児教育にも高速読書がいいのは、子どものうちから『我慢すること』が、将来良い結果をもたらすことがわかっているからです。

そうした実験が、実際に「マシュマロ実験」という名称でおこなわれています。

これはスタンフォード大学の心理学者ウォルター・ミシェルによる、のべ600人が参加した実験です（※参照文献『マシュマロ・テスト　成功する子・しない子』）。

この実験で子どもたちに使われたのが甘いマシュマロでした。

スタンフォード大学の認定保育園でおこなわれたシンプルなテストで、4歳の園児たち

にマシュマロ１個を渡して、

「今すぐ食べる」か「20分間我慢して２つのマシュマロをもらうか」

を選択させます。

さらに、この実験の面白いところは、その後50年にわたって追跡調査をおこなったことです。すると、たとえ子どもであっても、自分の欲求に打ち勝てたグループは、そうでないグループと比べると学力が高く、自己肯定感に優れ、ストレスにもうまく対処できるようになっていたことがわかったのです。

これは「将来のより大きな成果のために、自分の感情をうまくコントロールする能力」を子どもの頃から手にすることが、その後の発達に大きく貢献したからだと考えられています。１つのことを多角的に見て、自分を自制する力は、大人になってからも成長や成功にとって重要なんですね。

高速読書も同じように、どこかに座って、遊びを我慢する時間を決めるところからはじまります（立って読む人もいると思いますが）。そして、目の前の文章に意識を向けて、高い集中力を発揮しながらおこないます。

これが、**マシュマロ実験でいう「自制心を高める」という教育になります**。結果、子どもたちは読書の楽しみや想像力のほかにも、自分をコントロールする心を手にすることができます。

当然、**高速読書は自分で答えを見つけていくので、子どもたちの主体性を伸ばすこともできます**。

なので、本を読み、アウトプットノートに子どもたちに気づきを書かせたら、ぜひ、

「じゃあ、どんな行動してみる？」

「行動して、結果が得られたら、ママやパパに教えてくれる？」

と質問してみてほしいのです。

このように定期的に親御さんと一緒にノートを振り返ることは、幼児脳育にとってもとても有意義だと私は思います。

コミュニケーション力も高速読書で高まる

最近は兄弟がいなかったり、外で遊ぶことが少なくなり、コミュニケーションに自信がない子どもや大人が多いそうです。会話するときに緊張して上がってしまったりと、苦手意識を克服できずに深刻に悩んでいる人も増えています。

そうした会話力であったり、プレゼン力や商談力というのは、もちろんテクニックも必要であり、場数も大事だと思います。が、それ以上に引き出しの数も大切だと思います。**どれだけのことを、打ち返せるか。どのくらい相手に助言や貢献ができるか。そうしたことは、すべて高速読書とアウトプットノートで高めていくことができると思います。**

例えば、リーディング・エッセンスを箇条書きにすることによって、会話のアウトプットの数がかなり増えるのは誰でも想像がつきますよね。当然、これを続けていくことによって、コミュニケーションの力もあがってきます。

文部科学省も発表「子どもの成長には読書が不可欠」

文部科学省の調査からも、読書をする小学生ほど論理的思考力、意欲、関心、他人への理解があらゆるポイントで高くなっていることがわかりました。

文部科学省は２０１７年に「子どもの読書活動の推進等に関する調査報告」を発表しました。

調査は同年の1月から2月にかけておこなわれましたが、分析の結果、以下のようなことがわかりました（以下、報告書より抜粋）。

・読書活動の度合いと子供の意識・行動等に関する得点との間には、正の関連性がある。

・読書活動と、意識・行動等に関する得点との間の正の関連性は、個人属性や家庭環境の違い、また、ふだんテレビを見る時間や勉強をする時間等の違いを考慮しても見られる。中学生・高校生では特に「論理的思考」について、読書をする生徒の得点が高い。

・過去の段階での読書習慣の有無も、意識・行動等に関する得点に関係している。小学生の段階で本をよく読んでいた中学生、中学生の段階で本をよく読んでいた高校生は、「論理的思考」「意欲・関心」「人間関係」等の面で得点が高い。

・小学生・中学生では、個人単位での比較だけでなく、読書に関する取組等が行われている学校に在籍している児童・生徒であるかという、学校単位での比較でも違いがある。

ここからは、**子どもの成長には本が不可欠なことがわかります。しかも、数を多く読んでいるほど、きちんとしっかり成長しているのです。**

子どもは、成長とともにだんだんしゃべれるようになると、頭の中で考えたことをそのまま言葉にするようになります。

人気のテレビ番組『はじめてのおつかい』で、子どもたちがピンチになるとよく独り言を言っていますよね。あれなどはまさに頭の中に言葉を思い浮かべることで、脳が行動を促しているわけです。

ここからも、子どもの脳の発育にとって、読書というのはとても有益な働きをしていることがわかります。

お子さんをお持ちの親御さんは、子どもたちにも高速読書を使った、読書の楽しみ方をぜひ教えてあげてください。

7 たくさん本を読めば読むほど、直感やひらめきが生まれてくる

決断の正しさは高速読書で身につく

直感というのは、人間の膨大な情報量に経験や失敗などが積み重なって培《つちか》われていきます。

脳のデータベースが人の１００倍あれば、正しい直感が働くのは当たり前です。

そもそも人間の日々の行動というのは、99・９％は深い思考からではなく、無意識の直感によって判断されているわけです。

例えば、西洋版の将棋のようなゲームであるチェスでは、５秒で考えた手も、30分かけ

た手も、86％は同じなのだそうです。いくら熟考しても、ほとんど打ち手は変わらないのです。これを「ファーストチェス理論」といいます。結局のところ、決断の正しさというのは、その人がどれだけ脳のデータベースを充実させているのかによって決まっているのです。

ですから、たくさん本を読んで脳に知識を定着させていけば、そういった直感やひらめきが生まれ、正しい決断ができるようになります。どんどん読んで、自分の直感やひらめきを養っていく。データベースを増やしていく、と考えるとよいと思います。

「考える長さ」と「決断の正しさ」は比例しない

つまり、「考える長さ」と「決断の正しさ」は、比例しないということです。

であれば、10秒考えればそれでもよい、ということもできると思います。

正しく考える、ということは考える時間に比例しないわけです。

さらに時間というものは有限です。いかに最小限の時間と投資で最大のパフォーマンスを発揮していくかにもっと意識を向けるべきです。

特にあなたが普通の会社員であれば、なおのことです。通勤時間もありますし、会議や待ち時間といった拘束時間もあります。あなたの自由な時間というのは、経営者である私より、もっと限られています。

だからこそ短い時間で自分のパフォーマンスを最大限に発揮して、結果を出していくということが求められる。そのためにも、高速読書で自分自身をしっかりと磨いて、自分の時間もしっかりと確保する。そして、**アウトプットノートで自分の頭の中を編集して、情報を武器に変えていくことを習慣づけることが大切です。**

クジを引き続けた人間が成功する

これは私の持論ですが、成功している人は、成功するまでたくさんのクジを引いたから、あなたより富や地位を手に入れているわけです。人の10倍クジを引いた人は、それだけ当たる確率が高い。誰でもわかるシンプルなシステムです。

だからこそ、高速読書によって、行動する「時間」と「回数」を大幅に増やすことは、成功するためのスキルであるともいえます。

あなたの人生において、引けるクジの数は「無限大」。年齢なんて関係ありません。ぜひこのイメージをしっかりと頭に焼きつけてください。

高速読書の最終形はパッションをかたちにすること

高速読書とは、最終的にあなたのパッションをかたちにすることです。あなたの人生の「パッション（好き）」を、読書がどう導くか、読書がどう手伝うか、というふうに考えるといいと思います。

晩年、不治の病に冒されたスティーブ・ジョブズはこうも言っています。伝説となったスタンフォード大学での卒業式でのスピーチです。

「君の好きなことはなんだ。好きなことが見つかっていないなら、見つかるまで探しなさい。でないと、人生かならず後悔する」

スティーブ・ジョブズは死と隣り合わせになり、仕事ばかりだった自分を振り返ったに違いありません。だから、未来のある学生たちに言い残したかった。好きなことを見つけなさい。なければ探しなさい、と。

高速読書はそれを手伝うことを約束します。

8

目的や願望があるからこそ、読書の習慣が身につく

高速読書は今にフォーカスする力を与えてくれる

高速読書で常に「行動」と「学習」を続けていると、徐々に今にフォーカスすることができるようになります。

今にフォーカスすることで、目の前の目標に集中して、全身全霊で取り組んでいくことができるようになります。また、そうした自分を保つことによって、自分をコントロールできる術も身につきます。自分を完全にコントロールしている状態が自信にもつながるわけです。

たいてい精神的に不安定になっているときは、過去にとらわれすぎたり、未来を必要以上に不安がっているときです。

こういうときこそ、「今にフォーカスする力」を発揮することが大切です。それがあなたの精神力を高めてくれます。

高速読書でアウトプットノートをつけることは、まさに今にフォーカスすることだと言えるのです。

どうすれば読書を習慣化できるのか

読書を習慣化できないという悩みを持つ方も多くいらっしゃると思います。

どうすれば継続できるのか、そんな相談もよくされます。

そうした場合は「まず焦って本を手に取らず、目標や願望を明確にしてください」と伝えるようにしています。

正直、時間はあるけどモチベーションが上がらないという人に、無理やり高速読書で本を読め、本を武器にしろ、と言っても習慣化させるのは難しいと思います。

本を読まずに、インターネットの情報で完結させるとか、セミナーにたくさん出てその内容を武器に変えるという方法もあります。

それぞれやり方が違うと思いますし、どういうふうに自分の人生を変えたいかが決まらなければ、「ただ本が知的でためになるから良い」と一言で終わらすことは難しいわけです。そこが腑に落ちなければ、継続するのも難しいでしょう。

本を読む時間がないという人はどうすればいいか

ただ、「本を読む時間がないけれど、本を読む習慣は身につけたい」という方にならアドバイスはできます。

まず、やはりここでも目的を決めることが大切です。

自分の人生で何を手にいれたいのか。

他人の評価を変える必要がなく、お金も友だちも情報すらいらないという、なかば世捨て人的な生活を望んでいる人は本を読まないですよね。

どんなに影響力のある人間でも、どこかの離島でそうした暮らしをしている人に、「この本を読んだら変わります」といっても笑われるだけです。

やっぱり**自分の目的や願望、優先的に変えたいことがあってこそ、読書の習慣は身につきます**。

そのための一番手っ取り早くて、お金がかからない方法はなにか。あ、本があるじゃないか、そう思うことからスタートできます。

人が成長の山を登るとき、はじめの登りは、けっこうきついです。だけど、そこを突破すると一気に急カーブで成長できる。

この、最初の成長体験や成功体験を、なるべく早く体験すること。はじめの成長カーブで「あっ、私なんかツイてきている」「すごく成長してる」と感じる。そこからは、けっこう早く、脳内でのアドレナリンの分泌につながり確信に変わっていく。

私なんかは近所のカフェで、高速読書で行動プランをまとめたあと、腕を組んで眺めながらいつも一人ニマニマ笑っています。


「今回も、これを実行すれば一気に成長する」

「これを教えれば、あいつはすごいことになる」


そう心をワクワクさせています。

まわりから見れば、ちょっと危ない中年オヤジです。ですがこの暗示（脳科学ではアファメーションといいます）が、けっこう継続力や学習意欲の向上には効果があります。


読む習慣が身につかない人って、頑張ってたくさん読んでもいつも変わらないし、他人の評価も変わらない。

チャンスも年収も増えていない。このナイナイ尽くしのバッドスパイラルに陥ってしまっていることがほとんどなんです。

こうなると、続ける意味がないし、そもそも続ける価値すら見い出せなくなる。だから、続けることが難しくなるわけです。

だからこそ行動が大切です。たとえその行動が失敗だったとしても、失敗から学ぶことはたくさんあります。

トライ&エラーを繰り返して成長を実感できたとき、すでに高速読書はあなたの習慣になっているでしょう。

9

あなたの価値を効率よく高めるために高速読書を利用してほしい

高速読書を考案する前は1冊に何日もかかっていた

いまでこそ、無理することなく1日1冊はゆうゆう読める私ですが、高速読書を自ら考案し、マスターするまでは、1冊を読むのに何日もかかっていました。

「はじめに」でお話ししたように、もともとの私は落ちこぼれもいいところでした。本命だった大学は不合格。就職口はありませんでした。

当時、考えていたことはといえば、とにかく本をたくさん読んで自分を成長させたいという単純な思いだけでした。

でも、たくさん読みたいという思いがあるだけで、読書はちっとも進みませんでした。それはそうですよね、１冊に何日もかかってしまっていたのですから、机の上の本はどんどん積み上がるばかりでした。

結局、私の机の上に積み上がった本は、いっこうに減ることがありませんでした。高速読書を考え出せなかったら、どうなっていたのだろう……。そう思うと、いまでも冷や汗が出てくる始末です。

まだ始めていないけれど、高速読書がちょっとでも気になっているみなさん。ためらっている時間があったら、とにかく始めてみてください。ためらっている時間に読めてしまいますから。

高速読書はあなたに内面から自信をもたらす

人はどんなときに自信を持つのでしょうか。

自分の仕事ぶりが認められたとき、強い相手に勝ったとき、健康診断で「異常なし」といわれたときなど、年代ごとにいろいろとあると思いますが、私は「良い習慣を持っている人」「その習慣を自分自身がコントロールできている人」は自信にあふれていると思います。

例えば、日頃からジムでトレーニングをしている方。あるいは英字新聞を読む習慣が身についている方。こういう人って、なんだか地位や収入以上に自信に満ちあふれているように思えてしまいます。

こういう人たちは、要するに「自分は良い習慣を手に入れた」と胸を張っていえるのでしょう。

もちろん、読書習慣もそのひとつです。

高速読書でそれ相応の数の本を読めるようになれば、〝数の圧力〟ではありませんが、苦節何年的なことはなしにスマートにスピーディに内面から自信を持つことができるでしょう。

ちなみに、私のような社員数十名のコンサルティング会社でも、社長室の壁は、すべて本棚一式で覆われています。本に囲まれていると、自信に満ちてくるからです。

人生１００年時代の自分の価値の高め方

いまや人生１００年時代といわれています。

そうした時代において、どうしたら無駄なく自分の価値を高めていけるのか。そうしたことを真剣に考えることが必要となりました。

そのためには、まず、あなた自身の価値を高める武器を手に入れることです。そのひとつが高速読書です。高速読書で本を読み、それをシンプルに行動する力に変える方法を身につければいいのです。

そうやって自分の価値を高めていくことは、自分の未来を紡《つむ》いでいく力にもなります。


私が社員によくいう言葉があります。

それは、「盗まれない資産を高めよう」です。

資産というのはあなた自身です。あなたのスキルや能力というものは、誰にも盗むことができません。


それこそがあなたの価値なのです。

私にとって本とはビジネスパートナー

私にとって、「本」とはビジネスパートナーであって、最良の友人です。

これは、べつに格好つけているわけでもなく、本当にそう思っています。

私の会社の社員や知人はよく知っていますが、私は自分の本をあまり他人に貸しません。自分の想いを共有した、大切なパートナーをそう簡単に人に貸せますか？

なので、良い本を教えてほしいと聞かれたら、かならず「その本を購入しなさい」と薦めます。

ただ、だからといって、本を特別な存在と考えているかというと、そんなこともありません。

常に自分にとって対等なパートナーとして接するから、そこから得るものが多いのかもしれません。

自分のためのアウトプットだけなら続かない

日頃からそうした感じですから、私は本をあまり馬鹿にしたりとか、ダメだといって貶《おとし》めたりもしません。

すべての本から何か一行でもエッセンスとして手に入るものがあればいい、そう思って読んでいます。

逆に読んだ本を馬鹿にしてしまう人は、本から手に入るものが少なくなるのは当然ですが、本を特別な存在にしてしまう人も、得るものが減ってしまうのではないかと思います。

本一冊から人生のすべてを手に入れようと頑張ってしまうので、読むのもなかなか速くならない。

むしろ、本はともに時間を共有してくれるパートナーだと思えばいいのです。

「自分のために役に立ってくれてありがとう。俺も自分と周囲の成長のために役立てるからな」

そうして、本を周囲への恩返しに使おうと思って読んでいきます。

読んだ内容が他人に還元される。本質としてその本を世の中に還元していく、という思いが先にあるから続けられるのです。

ただ記憶するためだけに、あるいはアウトプットが大事と書かれていたからと、自分の成長のためだけにそうしたツールを使っていたら、絶対に続かないのでやめたほうがいいでしょう。

あなたの人生が豊かに、あなたの大切な人がより幸福になればこのうえなく幸いです。

おわりに

高速読書の目に見えない価値とは

ある脳科学の調査によると、「日頃からポジティブなことを日記に書いている人は、長生きする傾向がある」ことがわかってきています。

米国ケンタッキー大学の研究によると、ノートルダム寺院の関係者180名の方々の日記を調べたところ、ポジティブに書いている人は、実際に90歳ぐらいまで長生きしていることがわかっています。

さらに驚いたことに、それが嘘でもいいわけです。

嘘でもいいけれど、愚痴や不満を言わずに、前向きにポジティブなことを口にしていると長生きにつながっていく。

つまり、**自分のアウトプットや考える言葉というものは、常に前向きなことを書くことが精神的にも安定して、健康にもなる**ということです。

ネガティブな言動は、それだけであなたの生命力を奪い、貴重な人生までもどんどん失われていく結果になります。

そうした意味では、**高速読書やアウトプットノート術は、結果的には自分の寿命を伸ばす**、というふうに考えてみるといいと思います。

知恵から行動が生まれると、年齢に関係なくエネルギーはどんどん生まれてきます。

魅力的な人というのは、そうしたエネルギーに満たされた人です。

また、そうした人のまわりには、よくしたもので情報も人もどんどん集まってきます。

結果的に、お金も引き寄せられて集まってくる、という好循環になっていくわけです。

私が経営と株式投資で三十代前半で億万長者になれたのも、その法則のほんの一部分を利用したに過ぎません。

高速読書の目に見えない価値とは、こうしたところにあるのではないでしょうか。

豊富な知識は生きる判断の支えになる

もちろん、高速読書でベーシックな知識を武器にすることにも利点があります。物事を考える上で、豊富な知識は判断の支えになるからです。

ただ本を速く読み、内容を覚えるだけでは、実はあまり意味はありません。

生きてく中でそれを活用して実践し、そのときどうだったか、というのをまた自分の中で反芻《はんすう》して蓄積していく。

こうすることによって、問題を解決する本当の力を身につけていくことができます。

高速読書があなたの人生をより豊かに、夢あるものに変えていくことを切に願ってやみません。

死ぬほど読めて忘れない
高速読書

発行日　2019年9月2日　第1刷
発行日　2019年11月5日　第10刷

著者　上岡正明

本書プロジェクトチーム
編集統括　柿内尚文
編集担当　小林英史、堀田孝之
編集協力　寺口雅彦
カバーデザイン　井上新八
本文デザイン　菊池崇＋櫻井淳志（ドットスタジオ）
イラスト　植本勇
校正　植嶋朝子
DTP　伏田光宏（F's factory）

営業統括　丸山敏生
営業担当　増尾友裕
プロモーション　山田美恵、林屋成一郎
営業　池田孝一郎、熊切絵理、石井耕平、大原桂子、桐山敦子
網脇愛、渋谷香、寺内未来子、櫻井恵子、吉村寿美子
矢橋寛子、遠藤真知子、森田真紀、大村かおり、高垣真美
高垣知子、柏原由美、菊山清佳

編集　舘瑞恵、栗田亘、村上芳子、大住兼正、菊地貴広、千田真由、
生越こずえ、名児耶美咲
講演・マネジメント事業　斎藤和佳、高間裕子、志水公美
メディア開発　池田剛、中山景、中村悟志、長野太介
マネジメント　坂下毅
発行人　高橋克佳

発行所　株式会社アスコム

〒105-0003
東京都港区西新橋2-23-1　3東洋海事ビル
編集部　TEL：03-5425-6627
営業部　TEL：03-5425-6626　FAX：03-5425-6770

印刷・製本　中央精版印刷株式会社

Printed in Japan ISBN 978-4-7762-1052-8

アスコムのベストセラー

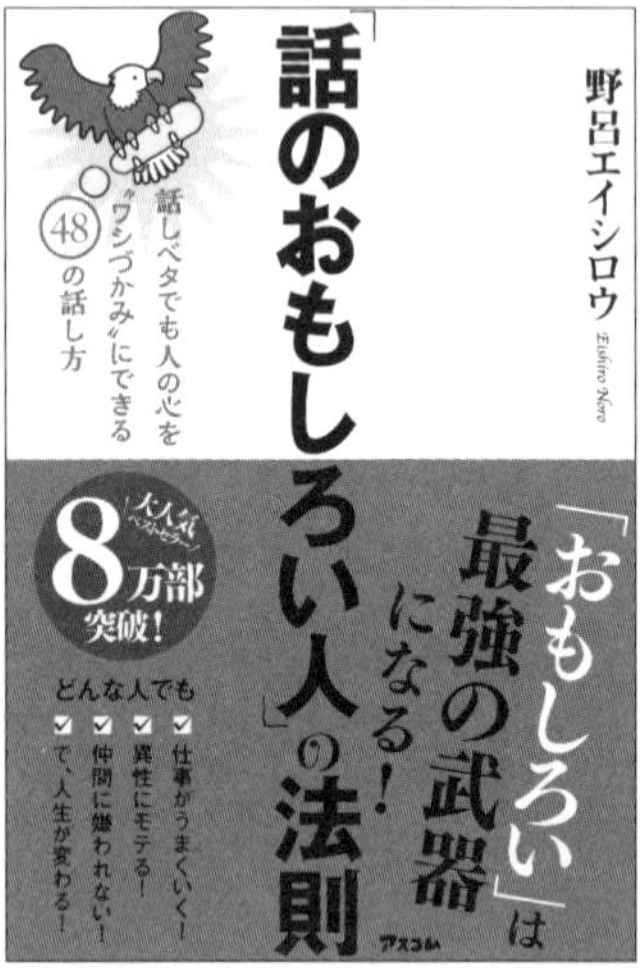

ベストセラー！
8万部突破！

「話のおもしろい人」の法則

野呂エイシロウ［著］

四六判　定価：本体1,300円＋税

「おもしろい」は最強の武器になる！ 話ベタでも人の心を“ワシづかみ”にできる48の話し方！

◎話のおもしろい人、つまらない人の話し方の法則
◎会話が続く人、続かない人の話し方の法則
◎なぜか好かれる人、煙たがられる人の話し方の法則
◎Facebookがおもしろい人、おもしろくない人の書き方の法則

お求めは書店で。お近くにない場合は、ブックサービス ☎0120-29-9625までご注文ください。
アスコム公式サイト http://www.ascom-inc.jp/ からも、お求めになれます。